# 하나님의 손끝이
## 가리키는 그곳

**임문희 목사**
필리핀 선교사(1989~2017)
홍천 희망교회 담임목사(2017~2022) : 필리핀 재파송
미국 풀러 신학교 목회선교학(D.MinGM)
로잔 도시빈민 연구분과위원
GMF 선교훈련원장

## 하나님의 손끝이 가리키는 그곳

1판 인쇄일 2022년 6월 7일
1쇄 발행일 2022년 6월 14일

지은이 _ 임문희
펴낸이 _ 한치호
펴낸곳 _ 종려가지
등록 _ 제311-2014-000013호(2014. 3. 20)
주소 _ 서울특별시 은평구 은평로 14길, 9-5
전화 _ 02. 359. 9657
디자인 _ 구본일
제작대행 _ 세줄기획(이명수) 전화 02. 2265. 3749
영업(총판) _ 일오삼
전화 _ 02. 964. 6993, 팩스 02. 2208. 0153

값 13,000 원

ISBN 979-11-90968-37-9

ⓒ 2022, 임문희

잘못 만들어진 책은 구입하신 서점에서 바꾸어 드립니다.
책의 주문 및 영업에 대한 문의는 영업대행으로 해주십시오.
문서사역에 대한 질문은 010. 3738. 5307로 해주십시오.

# 하나님의 손끝이
# 가리키는 그곳

임문희 목사 지음

문서사역
종려가지

## 추천사

이 책을 읽으면서 받은 감동에 제목을 붙인다면 임문희 목사를 사용하신 '하나님의 선교일기'였다. 메트로 마닐라라는 화려한 곳의 서북쪽 변두리에 겨우 붙어서 하루하루를 살아가야 하는, 그들도 분명히 하나님의 백성이며, 필리핀의 국민임에도 최소한의 대접도 누리지 못하는 그들에게 하나님께서 선교하신 기록이었다.

그들에게 하나님의 불쌍히 여기심이 임하여 임 목사와 그의 가정을 그리로 보내셨다는 것을 깨달았다. 그리고 선교는 하나님께서 하신다는 것을 선포하시는 기록을 대하는 느낌이었다.

하나님께서는 임 목사를 충성스런 종으로 여기셔서 그에게, "충성된 사자는 그를 보낸 이에게 마치 추수하는 날에 얼음냉수 같아서 능히 그 주인의 마음을 시원케 하느니라."(잠 25:13)는 말씀을 실천하게 하셨다.

임 목사의 선교일기를 대하면서 도시기반시설이 정비되지 않아 생활쓰레기의 하치장 같은 곳에서 지내는 이들에게, 하나님은 하나님의 나라를 보여주고 싶어 하셨다는 것에 동의하게 되었다. 그들은 지금, 악취가 진동하는 곳에서 코를 막아야만 하지만, 하나님의 나라에서 불어오는 천국의 향기를 맡도록 하시려는 하나님의 마음에 감사하였다.

선교보고서와도 같은 그의 글의 한쪽, 한쪽에서 우리는 임 선교사가,
"우는 자들과 함께 울라."(롬 12:15)고 권면을 했던 큰 선교사 바울을 따르는
일등 제자였다는 것을 확인하게 될 것이다. 단 한 단어의 과장도 없이 하나님께
기도를 드리는 심정으로 쓰여 진 이 책은 선교사로 부름을 받은 한 사람의
초상화와도 같아, 하나님의 마음을 전해 받도록 해준다.

우리 예수님께서 하나님을 사랑하여, 이 세상에 구주로 오셨던 것처럼, 하나님을 사랑하여 필리핀 '땅 끝의 사람들'에게로 들어가 그들을 섬겼던 선교사의 이야기가 나의 작은 가슴에 산소처럼 들어와서 긴 호흡을 하게 해주었다.

하나님께서는 그를 하나님의 종으로 붙들어 사용하시려고 그의 마음을 여리게 하셨다. 선교지의 사람들과 지내면서 하나님 앞에서 자신에 대하여 늘 물었던 그의 고민은 '과연 사역자는 누구인가'에 대한 질문을 던지도록 도전한다.

이제, 우리는 이 책, 『하나님의 손끝이 가리키는 그곳』에서 우리를 위하시는 그분의 사랑을 확인하도록 하신 하나님을 만나보기를 원하는 결단을 하자.

2022년 5월

한치호 목사(시은교회 시무, 종려가지 대표)

## 머리말

시간이 흘렀습니다. 기대와 기도로 준비 했지만 마음 한쪽 구석에 약간의
염려도 품고 한국으로 돌아 온지 어느덧 5년을 향해 가고 있습니다. 30년의
시간을 이방인으로 살아오다가 내 민족, 내 나라, 내 동포와 사는 것이 말
그대로 흥분이었습니다. 눈빛만 부딪혀도 읽히는 마음, 가끔은 한 두 마디
빼먹어도 서로가 소통되는 신기한 경험. 행복하고 즐겁고 감사했습니다.
때로는 '역문화충격'에 적잖게 당황하기도 했고, 어떤 때는 마음을 졸여야 하는
상황도 있었지만 은혜만을 경험하는 소중한 시간들 이었습니다.
하지만 갑자기 닥친 코로나-19 펜데믹은 숨을 쉴 수 없는 것 같은
고통이었습니다. 익숙한 선교지였더라면 차라리 나을 텐데 한국에선 모든 게
당황스럽고 어떻게 해야 할지 몰랐습니다. 내가 할수 있는 일 이라고는 그저
하루하루 견디고 버티는 것뿐이었습니다.
30년이란 긴 시간동안 떠나 있던 한국이기에 평상시에도 어색하고 긴장이
많이 되는데 펜데믹 상황에는 몸도 마음도 생각도 움직일 수가 없었습니다.
마음 한구석에 "왜 주님이 선교지를 두고 이곳에 오게 하셨을까?" 하는 물음을
멈출 수가 없었습니다. 하지만 답은 간단했습니다.
그냥 그것이 하나님의 뜻이었습니다.
이해도 설명도 설득도 필요 없는 하나님의 뜻.

그저 하나님의 때를 기다리라는 하나님의 뜻. 숨죽이며 하나님의 명령을 기다려야만 하던 이스라엘 백성들의 심정이었습니다. (수 6:10) 여호수아가 백성에게 명령하여 이르되 너희는 외치지 말며 너희 음성을 들리게 하지 말며 너희 입에서 아무 말도 내지 말라 그리하다가 내가 너희에게 명령하여 외치라 하는 날에 외칠지니라 하고

육상선수가 출발선에서 신호를 기다리며 터질 듯이 쿵쾅거리는 심장 소리를 듣는 듯한 긴장이었습니다. 드디어 하나님은 손끝을 보여 주셨습니다.

사랑으로 섬기던 희망교회를 위해 그리고 내가 다시 돌아가야 할 선교지를 위해 그 분의 손끝을 보여 주셨습니다.

5년간의 시간이 행복했습니다. 목회를 경험하며 목회자를 이해하고 성도들을 돌보며 그들과 공감할 수 있었습니다. 함께 웃고 울었던 모든 시간들이 아름다운 믿음의 추억이 되었습니다. 짧은 시간 함께 했던 희망교회는 저희 부부가 다시 한 번 선교사의 꿈을 꾸게 한 고마운 교회입니다. 예배의 감격으로 한곳을 바라보던 성도들은 귀한 동역자가 되었습니다.
이제, 하나님이 손끝이 머무는 그곳을 향해 제2의 선교 행전을 떠납니다. 다시금 기대와 흥분으로 기도합니다. 수없이 부딪히고 갈등했던 땅오스에서의 은혜를 마음에 품고, 이제 민도르땅을 향해 걸음마를 시작합니다. 그곳에 하나님의 손끝이 향하고 있기에.

2022년 5월

임문희 선교사

# 임문희, 황선미 선교사 연락처  
카톡 아이디 : munheelim  
이메일 : paullim@hanmail.net

# 하나님의 손끝이
# 가리키는 그곳

## 차례

추천사 __ 4
머리말 __ 6

그 길을 걷고 있노라면 __ 17
첫 만남 __ 20
동남풍아 불어라, 서북풍아 불어라 __ 22
둘롱 땅오스의 욕쟁이 할머니 __ 24
아쉬움과 행복의 순환 __ 26
닮고 싶은 마음 __ 29
행복 모자이크로 그린 예수님 얼굴 __ 30
잃은 것과 얻은 것 __ 32
성 누가 병원 __ 34
멜랄코 __ 36
하늘에서 부는 에어컨 __ 38
흥분의 추수감사 주일 __ 39
성령의 열매는 열세 개???? __ 41
중풍에 걸린 할매가 채운 사랑의 족쇄 __ 43
목소리로 나오지 않는 기도 __ 46
제시 형제의 간증 __ 49
행복한 선교사 __ 51
307의 기적 __ 54
또 하나의 이유 __ 56
각자의 방언으로(Breaking chain) __ 58
롤러코스터 __ 60
2% 모자란 선교사 __ 63

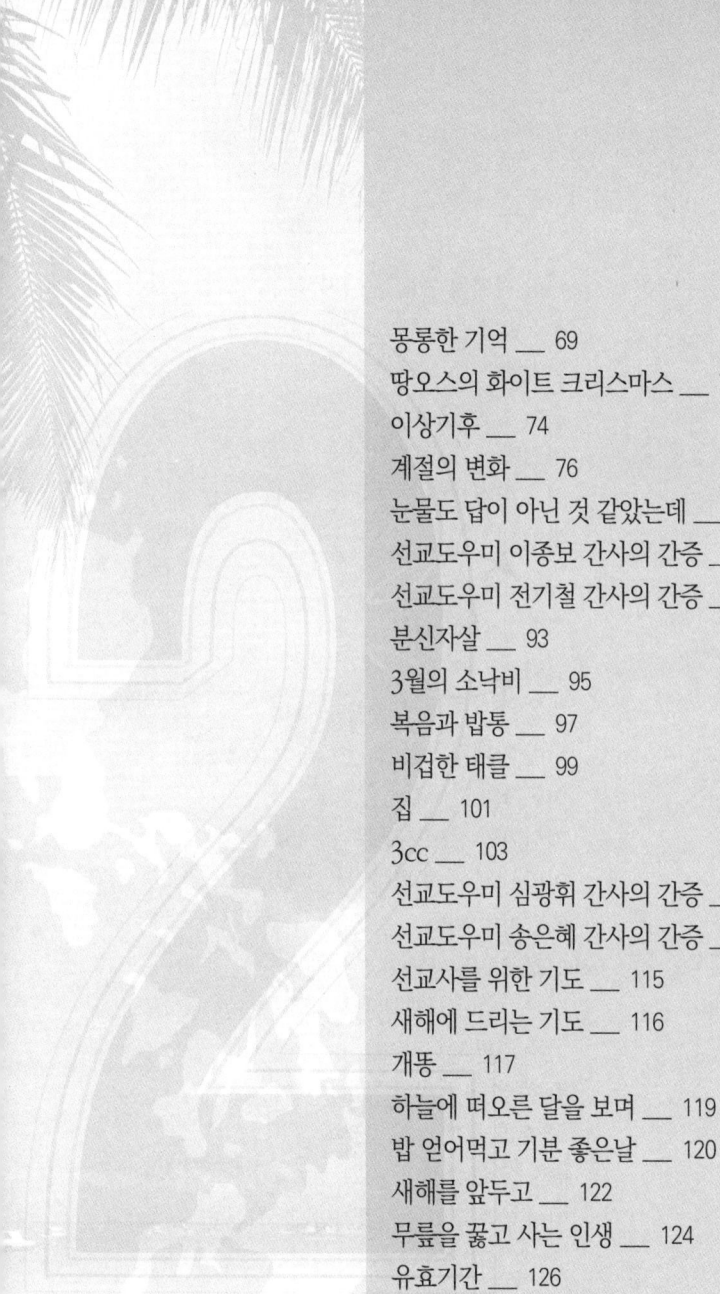

몽롱한 기억 __ 69
땅오스의 화이트 크리스마스 __ 72
이상기후 __ 74
계절의 변화 __ 76
눈물도 답이 아닌 것 같았는데 __ 79
선교도우미 이종보 간사의 간증 __ 81
선교도우미 전기철 간사의 간증 __ 88
분신자살 __ 93
3월의 소낙비 __ 95
복음과 밥통 __ 97
비겁한 태클 __ 99
집 __ 101
3cc __ 103
선교도우미 심광휘 간사의 간증 __ 105
선교도우미 송은혜 간사의 간증 __ 112
선교사를 위한 기도 __ 115
새해에 드리는 기도 __ 116
개똥 __ 117
하늘에 떠오른 달을 보며 __ 119
밥 얻어먹고 기분 좋은날 __ 120
새해를 앞두고 __ 122
무릎을 꿇고 사는 인생 __ 124
유효기간 __ 126

린다 자매의 눈물 __ 131
자격미달 __ 133
땀 냄새 __ 135
추석 선물 __ 137
어느덧 __ 139
회개가 필요한 선교사 __ 141
못과 망치 __ 143
시원한 온풍기 __ 145
성탄절 전후(前後) __ 147
앨범 __ 149
정을 주고 가는 그들 __ 151
아바 아버지의 눈물 __ 153
선교사의 아버지 __ 155
예선이의 선교 기행문 __ 157
어미 닭과 다섯 병아리 __ 159
예람이의 눈물 __ 161
선교도우미 한준수 간사의 간증 __ 163
선교도우미 김재신 간사의 간증 __ 166
아주 기쁜 날 __ 171
죽 한 그릇을 위한 기도 __ 173
피 흘리는 그 녀석 때문에 __ 175
탈옥수, 출옥수 __ 177
진짜 갑부들의 추수감사 헌금 __ 180

주검 앞에서 __ 185
Spirit move, in your temple __ 187
가슴에 묻은 자식 __ 189
혈투! __ 191
기적은 가까운 곳에서 __ 195
다니 형제의 영접기도 __ 197
다니 형제는 떠났지만 __ 199
예수님처럼, 바울처럼 __ 201
쓰레기에서 나온 사진 __ 203
예수님 죄송해요 __ 205
선교도우미 조현정 간사의 간증 __ 208
축구장에 울려 퍼진 기도의 함성 __ 217
논문을 쓰면서 __ 218
고민 __ 220
그리운 빗소리 __ 222
귀뚜라미 소리에 __ 224
토박이 __ 226
민도르 이야기 __ 227
민도르를 다녀오며 __ 231
무지무지 감사 __ 233
구약, 신약 그리고 회충약 __ 235
특별한 성탄 선물 __ 237


마무리 글 __ 239

# 하나님의 손끝이 가리키는 그곳

그 길을 걷고 있노라면
첫 만남
동남풍아 불어라, 서북풍아 불어라
둘롱 땅오스의 욕쟁이 할머니
아쉬움과 행복의 순환
닮고 싶은 마음
행복 모자이크로 그린 예수님 얼굴
잃은 것과 얻은 것
성 누가 병원
멜랄코
하늘에서 부는 에어컨
흥분의 추수 감사 주일
성령의 열매는 열세 개????
중풍에 걸린 할매가 채운 사랑의 족쇄
목소리로 나오지 않는 기도
제시 형제의 간증
행복한 선교사
307의 기적
또 하나의 이유
각자의 방언으로 (Breaking chain)
롤러코스터
2% 모자란 선교사

## 그 길을 걷고 있노라면…

**나보타스**, 메트로 마닐라에서 북서쪽으로 10 킬로미터 정도 떨어진
작은 도시로 마닐라 시민들에게 어류를 공급하는 어업의 중심지입니다. 다양한
수산물 가공식품이 나보타스와 근처의 말라본, 칼로오칸에서 생산되지요.
이곳은 1980년-90년 사이에 폭발적으로 인구가 증가하면서 빈민가를
이루고 있습니다. 나보타스에서 도로가 나기 전에 옹기종기 모여든 움막들,
걷기 힘든 좁은 골목길, 숨쉬기 힘든 냄새들 …… 그리고 그 중간 중간에
문짝이 없는 방 안에서 아무렇게나 뒹굴려져 있는 사람들의 모습이 이 도시의
전부처럼 보여집니다.

언제나처럼 빈민가의 골목길을 걷고 있자면 한없이 가라앉는 무거운 마음의
나를 발견합니다. 한 집, 한 집 돌고 돌아서 어두운 골목길을 뒤로하고 그들을
등지고 나올 때면 섬뜩한 검은 미소가 서늘하게 뒤통수를 건드립니다.
여기에 어둠이 지배하는 지역, 보고 있는 것만으로도 악마의 힘을 느낄 수 있는
나보타스의 변두리가 있습니다. 땅오스의 골목, 골목길, 이곳의 이름은
둘롱 땅오스(Dulong Tangos)입니다. '땅끝 마을'이라는 지명이지요.

극심한 가난에 시달리며 살아가는 이들은 땅 끝 마을에서 인생의 끄트머리를 놓치지 않으려고 악을 써 대고 있습니다. 그야말로 가엾기 그지없습니다.
분명한 것은 이들도 하나님의 피조물인데 그곳은 분명히 악마의 점령지입니다.
둘롱 땅오스는 메트로 마닐라에서 북서쪽으로 약 15km 떨어진 해안가입니다. 이곳의 쓰레기 더미로 가득한 바다 위에 수상가옥을 짓고 생활하는 사람들이 주민의 자리를 지키고 있습니다.
이들이 처음부터 여기에 살았던 것은 아니었습니다. 일자리를 찾아 도시로 왔지만, 자신의 몸이 누울 공간 하나도 얻지 못해서 배에다 집을 짓고 살아가기 시작한 것이지요. 이러한 처지에 있던 이들이 모여서 지금의 빈민가가 형성되었습니다.

빛이 되라 명하신 주님,
소금이 되라 말씀하신 주님,
그 음성을 골목길을 걸으며 수없이 되뇌어 봅니다.
이제는 정면 싸움입니다. 하지만 어둠이 빛을 삼킬 수 없듯이 그곳에 비추기 시작한 복음의 빛 앞에 사단의 미소는 두려움을 감추기 위한 가면임에 틀림이 없습니다.

선교사를 반갑게 맞이하는 그들 앞에서 찔끔거리며 솟구치는 눈물을 목 뒤로 삼키며 가슴속에 울렁거리는 아버지의 마음과 목자의 마음으로 그들의 손을 잡노라면 멀미를 느낄 정도의 감각을 느낍니다.

아~~~ 이들을 위해 보내셨구나.

아직도 눈의 각막 속에는 오늘 낮에 사가다 동굴에 놓인 관 속에 누워있듯
집 밑에 또 다른 웅지를 튼 그들이 박혀 있습니다.

서늘한 미소로 바라보던 악마의 눈에서 피눈물 나며 무저갱으로 떨어지며
고통의 신음소리가 들리는 그날까지 나의 싸움은 결코 멈추지 않으리라.

## 첫 만남

　　　　**먹을** 것도 부족하기 때문에 그곳의 사람들에게는 추수의 개념도 없는 빈민 마을이 바로 둘롱 땅오스입니다..
감사의 조건과 이유도 모르고 살아가는 사람들, 둘롱 땅오스의 빈민들.
끝이라는 뜻인 '둘롱'을 붙여 인생의 가장 비참한 끄트머리에 산다고 자학하는 둘롱 땅오스 사람들이지요.

그 땅, 둘롱 땅오스에서 그들과 함께 추수 감사절을 보냈습니다. 어쩌면 그들은 강대상 앞에 차려진 빛깔 좋은 과일에 끌려 나왔는지도 모릅니다. 아니면 집에서는 일 년에 한번 맡아 볼까 말까한 필리핀 잡채 '반씻' 냄새에 매료되어서 나왔는지도 모릅니다.
그러나 그런 것은 선교사에게 아무 문제가 되지 않았습니다. 가난의 굴레와 죄악의 사슬에 분노와 공포의 쓴 뿌리를 가슴에 품고 사는 그들이 교회로 와서 감사절을 지냈다는 사실에 선교사는 눈물까지 흘리며 감동했습니다.
땅오스 마을이 생긴지 30 여년이 넘었건만 이제까지 이런 예배는 처음이었다고 말하는 머리털이 하얀 마밍 할머니의 간증이 가슴속에 울렁거리게 남습니다.
150여 명의 어른과 아이들이 들어 찬 홀리그레이스교회는 용광로와 같았습니다.

창문 하나 없는 22평 예배당 안에 끓어오르는 열기는 분명 성령의 열기였습니다.

예배를 마친 후에 약속을 했던 대로 그들에게 가족사진을 찍어 주었습니다.
12 가정이 신청을 해서 찍었습니다.
사진을 들여다보며 선교사는 이런 상상을 해 보았습니다 내년 부활절 때 세례 받는 하나님의 백성들의 사진을 들여다보는 그런 행복한 상상을 말입니다.

심방을 마치고 땅오스의 골목을 돌아 나올 때, 골목 여기저기서 아이들이 '할렐루야'를 외쳤습니다. 지난주일 추수감사절 때 무작정 따라 외쳤던 '할렐루야' 였지요.
외치는 아이들의 얼굴에서 그리고 주변에 서있는 사람들의 얼굴에서 이제 그들은 서서히 할렐루야의 뜻을 알아가는 듯합니다. 작은 전도자들이 어둠의 세력에 묻혀있던 땅오스의 골목을 누비며 할렐루야를 외치고 있는 겁니다.

둘롱 땅오스는 더 이상 둘롱(끝이라는 뜻)이 아닙니다. 복음으로 인한 소망을 보고 있기에 그들은 가난과 죄악의 강을 건너 천국으로 향하는 소망의 땅오스에 살게 될 것입니다.
그 땅, 땅오스를 사랑합니다. 땅오스의 사람들을 사랑합니다. 그리고 그들을 위해서도 죽어주신 예수님을.. 정말... 정말... 사랑합니다.
- 예수님, 사랑합니다.

## 동남풍아 불어라, 서북풍아 불어라

 

**창문** 하나 없는 예배당에 모인 73 명의 아이들이 뿜어내는 열기는 참기 힘든, 숨이 막힘을 느끼게 해주었습니다. 갑자기 더워진 날씨에 머리가 다 아플 지경이 되고 말았습니다. 흐르는 땀을 주체할 수 없게 되었고, 급기야는 설교 원고에 땀방울이 떨어져 준비했던 원고가 찢어질 뻔 했습니다. 조금은 이상 기온을 보인 오늘 하루....의연하게(?) 앉아 있는 성도들 앞에서 호들갑처럼 보일까봐 땀도 제대로 닦지를 못하게 되었습니다. 우리에게 둘롱 땅오스의 하루는 정말 힘든 한 날이었습니다. 땀에 젖어 달라붙은 윗옷을 떼어내며 가볍게 악수하고 돌아서는 몇몇 성도들의 뒷모습은 더 지쳐보였습니다. 집으로 돌아오는 차 안에서 아내와 함께 되지도 않을 상상을 해 보았습니다. 아내가 말하였습니다.
"에어콘을 답시다. 급식에 오는 아이들도, 예배에 오는 성도들도 너무 불쌍해요...."
눈물까지 글썽이며 말하는 아내의 얼굴에서 진심을 읽을 수 있었습니다. 하지만...
"그러면 전기 합선으로 불이 나서 다 타버릴지도 몰라.."

그냥 내뱉은 내 말에 실망이 엿보이는 아내의 표정이 너무나 슬퍼 보였습니다.
정말, 에어콘을 달 수 있다면....

돌아오는 이번 화요일 급식날에는 하나님께 떼를 써야겠습니다. 바람이라도
실컷 불게 해 달라고....동풍이든 서풍이든 상관이 없습니다. 하나님께서
만드시는 에어콘은 없는 것이 나을 것 같은 힘없이 돌아가는 벽걸이
선풍기 보단 시원할 것 같습니다.

## 둘롱 땅오스의 욕쟁이 할머니...

**이빨** 없는 입을 굳게 다물고 말없이 예배에 참석하던 그 할머니.
그 땅의 산증인으로, 홀리 그레이스 주변 땅들의 주인으로서 보이지 않은
파워를 갖고 있던 마밍 할머니의 장례식이 있었습니다. 그녀가 퉁명한 목소리로,
"너 교회 나와",
"너 임 선교사님 도와줘.."
거침없이 동네 사람들에게 쏟아내던 그 말이 선교현장에서 적잖은 힘이 된 적도
있었습니다.
하지만 이제 그 목소리는 더 이상 이 땅에서 들을 수 없어졌습니다. 건강해
보이시던 할머니, 열흘 전만해도 교회 앞마당에 앉아 빨래를 비비던 그녀가
쓰러진지 이틀 만에 돌아가셨습니다. 아쉬움이 많이 남습니다. 마음이 개운하지
않습니다. 솔직히 두렵습니다. 그를 천국에서 볼 수 없을까봐....주님이
사랑하시는 자들로 여기라고 이 땅에 선교사로 보냄을 받았다고 확신하며
지냈습니다. 그런데 맡겨진 영혼들을 천국으로 인도해야 할 선교사가,
그것도 교회에 나오던 한 사람의 영혼을 천국에서 볼 수 없을까봐 두려워하는
것이 가슴 쓰리게 부끄럽습니다. 달이 밝아 유난히 더 조용하게 느껴지는
이 밤에 오늘, 강대상 위에서 내려 보았던 교인들의 이름을 적어 보았습니다.

이름이 기억나지 않으면 얼굴을 그렸습니다.
제가 천국에 갔을 때 그들의 얼굴을 볼 수 없을까봐
두렵습니다. 나에게 맡겨진 영혼들이기에…
갑자기 밀려오는 조바심으로 무릎을 꿇었습니다. 곧 작은 소리를 내어
기도합니다.
- "주여, 두려운 만큼 그들을 사랑하게 하옵소서."
- "그들을 구원하여 주옵소서." 내일 아침이 밝으면 백지 위에 적힌 이름들을
찾아보아야겠습니다. 하나님께서 저에게 주신 목숨의 시간이 다할 때까지
천국에서 다시 만날 친구를 만들어야겠습니다. 두려운 건 싫거든요.

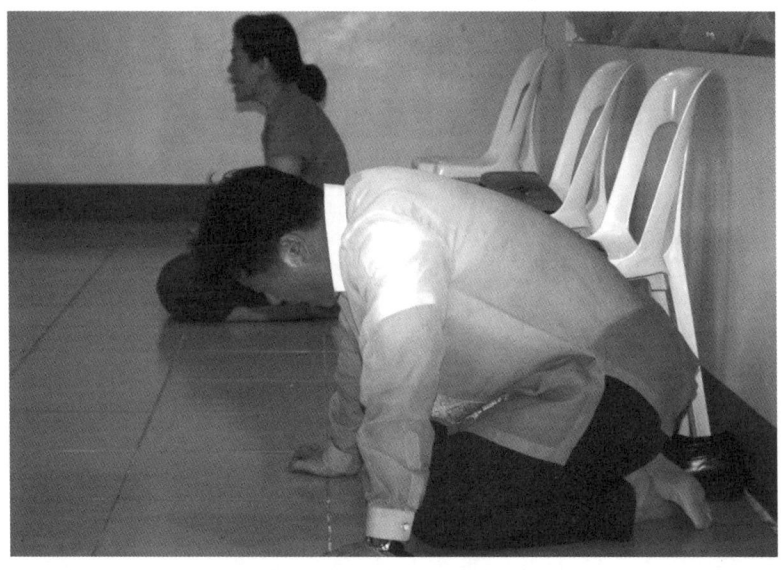

## 아쉬움과 행복의 순환

**아직** 동이 트지 않은 이른 아침, 센터를 출발한 두 대의 차량은
두 갈래의 길로 나뉘어 달렸습니다.
저는 바공 팍아사 교회를 향해, 다른 가족과 간사들을 실은 차는 홀리 그레이스
교회를 향해….
새벽 6시에 주일 예배를 드리는 바공 팍아사 교회에서 오래 전부터 주일 설교를
부탁해 왔었습니다. 두 시간 정도의 예배를 마치고 이어서 빠야타스 교회로
갔습니다. 역시 오랜만에 만나는 그 교회의 성도들은 환한 미소와 열정적
찬양으로 함께 했습니다.

새벽에 교회를 나설 때, 맑았던 하늘은 어느새 무겁게 변했고, 이제 홀리
그레이스로 향하는 저의 마음도 하늘만큼이나 무거워지기 시작했습니다.
근 일년 반 동안을 병상에 누워 있던 로시 할머니의 장례 예배가 오후 1시 반에
있기 때문이었습니다.
고혈압으로 몇 번을 쓰러지셨어도 수요예배에 와서 간증하며 온 성도들 울리던
할머니.
결국은, 지난 토요일에 하나님 품으로 먼저 안기셨습니다.

그토록 힘들게 하던 아들과 며느리를 결국은 하나님을 믿게 인도하고 가정 구원을 이루었다는 안도에서였을까요, 아니면 고통으로 이 땅에서의 삶을 이어가기에 너무 지쳤기 때문일까....

평소에 입어보지 못하던 고운 옷을 입고 조금은 진하게 화장한 얼굴로 관 속에 누워 있는 로시 할머니는 평소 그 모습 그대로였습니다. 단지 그 얼굴 위에 덮인 5mm 투명 유리 말고는...

장지로 떠나기 전에 마지막으로 예배를 드릴 때는 가슴속에서 울컥 거리며 올라오는 뜨거운 감정을 눌렀습니다. 천국의 소망을 말했지만 서운함은 어쩔 수 없었습니다.
장례예배를 마치고 주일학교 예배를 핑계로 차마 떠나는 마지막 길은 그냥 외면하고 말았습니다. 마음속에서 로시 할머니의 이름을 한 번 더 불러 보고, 천국에서 다시 만나자고 약속했습니다.

무겁던 마음으로 교회의 신축부지로 향했습니다. 오늘이 드디어 새 성전 기공예배를 드리는 날입니다.
묵직했던 구름은 기어코 흩뿌리듯 비를 날리는데 얼굴에 닿은 차가운 이슬비가 갑자기 저의 무겁던 마음을 씻어 주는 듯했습니다.
하나님께 감사했습니다. 한 영혼을 천국으로 환송하고 이제 남은 이들을 위해서, 이 땅의 천국을 이루기 위해서 거룩한 성전을 짓도록 하신 하나님의 은혜가 한꺼번에 가슴속을 꽉 채우는 것 같았습니다.

약속된 오후 4시에 환한 얼굴로 하나둘 모여들기 시작하는 성도들의 얼굴은 모두 행복해보였습니다.
축제의 찬양과 네 명의 대표들이 돌아가면서 올린 간절한 기도, 어린 주일학교 학생부터 연세 드신 분들까지 교회 대표 16명이 첫 삽을 뜰 때 밀려오는 마음속의 감동과 흥분은 모든 이와 함께 나누고 싶은 샘물 같았습니다.
설계사의 공사계획을 숨죽여 듣고 있던 모든 성도들은 큰 박수로 하나님의 역사하심에 화답하여 예배를 마쳤습니다.
축제가 마쳐갈 즈음 서서히 걷혀가는 구름사이로 한줄기 햇살이 로시 할머니의 살짝 웃던 미소 같았습니다.

새벽에 출발했던 그 길을 저녁이 되어 어둠을 밟고 다시 돌아 올 때 자동차 뒷자리에서 잠든 세 아이의 얼굴을 쳐다보았습니다. 하루 종일 땅오스에서 함께 했던 탓인지 얼굴이 땀과 먼지로 얼룩진 자국이 있었습니다. 그래도 행복한 얼굴로 잠이 든 그들을 보니 피곤했던 몸이 가뿐해집니다.

주님께서는 12월 3일에 있었던, 결코 잊을 수가 없는 또 하나의 기억을 남겨 주었습니다. 이것이 살아가며 겪는 아쉬움과 행복의 순환인 것 같습니다.
그러면서 천국에 가까워지나 봅니다.

그때에는... 환한 웃음으로... 오늘의 일을 이야기하겠지요.

## 닮고 싶은 마음

**지금** 방금 홀리 그레이스 교회에서 돌아 왔습니다. 오전에 교회에
도착하여 뻑뻑한 문을 열고 들어가 컴컴한 예배실에 앉아 기도를 하는데 한숨이
먼저 나왔지요. 어디가 또 잘못 되었는지 전기가 들어오지 않아 전깃줄을
이리저리 만져 봐도 국수 가락처럼 얽힌 전깃줄은 시작과 끝을 알 수가 없고
누군가 도와주길 주변을 돌아봐도 술에 취해 눈 풀린 주변 사람들은 그저
구경만 할뿐....
아내 황 선교사가 발을 동동거리며 전기기술자를 찾아보았지만
허탕이었습니다. 어두워져 가는 예배당을 뒤로하고 걸어 나오는 발걸음이
가볍지 않았습니다. 주일을 앞두고 기도와 경건으로 준비해야 할 토요일 저녁을
하마터면 불평과 짜증으로 보낼뻔 했습니다.
요즈음 가뜩이나 사방에서 욱여쌈을 당하는 것 같아 영적으로 조금 힘이
들었는데 다시 한 번 마음을 가다듬고 주일을 준비해봅니다.
예수님처럼, 바울처럼.

## 행복 모자이크로 그린 예수님 얼굴

검은색의 시멘트 벽,
천정에 매달린 철근들,
바닥에 휘날리는 시멘트 가루,
한쪽 벽에 기대있는 모래 담은 포대자루들....

그곳에 풍선을 달고, 정성껏 만든 장식들을 붙이며 얼마나 가슴이 설렜는지 모릅니다. 임시로 만든 강대상에 올라설 때 얇은 합판이 주저앉을 것 같았습니다.
그래도 아이처럼 좋아하고 있으니 한국에서 온 간사가 이렇게 말을 했습니다.

"한국에서는 아무리 새 성전 건축이 좋아도 이런 환경에선 절대 예배를 드리지 않을 겁니다."
 오늘 그곳에서 홀리 그레이스 교회의 창립 7주년 기념 예배를 드렸습니다.

- 이곳이 우리 교회야!

온 세상을 가슴에 품은 듯 가슴 벅차 떨리듯 소리치는 몇몇 사람들의 얼굴에서
행복을 보았습니다.
거룩, 행복, 연합(Holy, Happy, Harmony). 이런 삶을 목표로 달려온 지난
7년 간의 사진이 붙은 게시판을 보는 성도들의 얼굴에는 감회가 새롭더군요.
이미 불타버려 앙상하게 남은 옛 예배당 사진을 볼 때는 그들의 눈에 눈물이
맺혔고, 새로 올라가는 새 성전의 공사 사진을 바라볼 때는 행복의 웃음이
가득했습니다.

선교사로서 정말 행복한 하루였습니다. 평소에 잘 보이지 않던
얼굴들과 새로 나온 얼굴들, 그리고 매일매일을 함께 하는 사랑하는 성도들,
거의 450 명이 빽빽이 앉아 4시간 반 동안이나 맘껏 찬양하고, 맘껏 기도하고,
그리고 마음껏 웃었습니다.

오늘 행복을 누린 모든 홀리 그레이스 성도들을 축복합니다. 이제
부활절 새벽예배 때는 깨끗한 페인트가 칠해진 3층 본당에서 드리겠지요.
벌써부터 가슴이 두근거립니다. 행복해 하는 그들의 얼굴이 지금도 가슴속에
모자이크처럼 떠오릅니다.
행복한 얼굴의 모자이크를 모으니 예수님의 웃으시는 얼굴이 보입니다.

행복과 감사가 충만했던 하루....

## 잃은 것과 얻은 것

어제 홀리 그레이스 교회에서 새성전 준공 감사 예배(Inaguration Service)를 드렸습니다. 공식적으로 주민들에게 교회의 사역이 시작됨을 알리는 예배였습니다. 교회의 비전과 사역계획을 발표하고 새 성전에서의 첫 공식 예배였습니다.

그런데... 그전 새벽에 누군가 대문 자물쇠를 부수고 2층으로 올라가 문을 뜯고 들어가 전자 기타와 키보드를 집어 갔다고 했습니다. 치과의 문도 부수었지만 무거운 치과 의자는 감히(?) 들고 갈수 없어서 그냥 나갔더랍니다.
화나고 흥분한 성도들은 경찰에 신고하고, 동네의 이웃 주민들도 웅성대며 누군지 짐작이 간다는듯 귓속말로 속닥거렸습니다.

그러나 저의 마음은 오히려 평안했습니다. 그런 어수선함 속에서 이윽고 예배는 시작되고 설교가 끝나고, 교회 소개 시간이 되었을 때, "어젯밤에 누군가 들어와서 기타와 키보드를 가져가고 기물 몇 개를 파손했습니다," 라고 말했습니다. 대부분 알고 있던 사람들은 선교사의 입에서 나올 다음 말을 기다리느라고 순간 적막이 흘렀습니다.

"그렇지만 저는 그가 밉지 않습니다. 오히려 고맙습니다."

다들 놀라는 모습이었지만, 정말 마음속의 기쁨으로 이렇게 말할 수 있었습니다.
"오늘 이 예배 시작 전에 우리는 왜 우리 교회가 이곳에 세워 졌는가를... 왜 우리는 이곳에 예수님을 소개해야 하는지를 분명히 확신하게 되었고 해야 할 구체적인 사역을 정하게 되었습니다. 우리 교회는 이 일을 위해 선택받은 소중한 사람들입니다. 사랑합니다."

저의 가슴속에 감격이 있었고, 함께 한 성도들은 눈물을 글썽이며, "아멘" 을 외쳤습니다.
잃은 것도 있었지만 얻은 것은 그보다 더 컸습니다. 저와 성도가 하나가 되었고, 사명을 확인했으며 하나님께서 그곳을 얼마나 사랑하시는가를 모두가 알았기 때문이었습니다.
부랴부랴 다른 교회에서 빌려온 키보드의 볼륨을 높이 올려놓고 그보다 더 큰 소리로 찬양을 드렸습니다.

Lord, I offer my life to you.
- 주님, 내 생명 주님께 올려드립니다

큰 것을 잃었어도 기분이 나쁘지 않았습니다.
가져간 사람을 만난다면 진심으로 꼭 한번 안아 주고 싶습니다.
샬롬.

## 성 누가(St. Luke) 병원

　　　　　　**이곳** 필리핀에서 제일 좋다는 성 누가 병원을 다녀왔습니다. 오래 전부터 교제해오던 필리핀 의사들과 만나 둘롱 땅오스 사역을 소개하고 의료선교와 어린이 비타민 지원을 부탁하기 위한 만남이었습니다.

지난 주간부터 매일 두세 집씩 심방하면서 주민들과 좀 더 깊은만남을 갖고 있습니다. 만남이 잦아질수록 마음의 영적 고민의 무게가 점점 깊어집니다.

어디에서부터,
어떻게,
그리고 어디까지....
끝없이 이어지는 질문 속에 결국은 무릎 꿇고 우는 수밖에 없음을 고백하게 됩니다.

아주 조금씩 마음의 문을 여는 둘롱 땅오스의 주민들을 바라보면서 때로는 줄타기를 하는 기분이 들기도 합니다. 병들 수밖에 없는 환경 속에서 가는 곳마다 아픈 사람을 만납니다. 주님이 하셨던 것처럼 기도하면 병이 낫는 일이 일어나면 얼마나 좋을까요? 하지만 내게 없는 것을 안타까워 할 수만 없는 일...

믿음이 있는 의사들을 하나님께서 사용하시기를 기도했습니다.
하나님께서 길을 열어 주시려나 봅니다.

다음달, 12월 4일 저녁에 성 누가 병원에 근무하는 의사, 간호사, 병원 관계자
그리고 성 누가 대학의 의대생등 약 100 여명이 모인 시간에 둘롱 땅오스
사역을 설명할 수 있는 시간을 갖기로 약속 받았습니다.

지금부터 가슴이 설렙니다. 항상 작은 것을 구했으나 몇 곱절로 채우시는
하나님의 신실하심에 또 한 번 가슴 설레는 기대함을 갖기 때문이지요.

오늘 아침에, 출애굽기 3장의 말씀을 묵상하다가 가슴속에 묻힌 말씀이
있습니다. "내가 너를 바로에게 보내어 너로 내 백성 이스라엘 자손을 애굽에서
인도하여 내게 하리라." 하나님께서 저희들을 빈민가로 보내어 빈곤과 흑암의
권세에 묶인 하나님의 백성을 인도하여 내게 하실 계획을 다시 한 번
알았습니다.

# 멜랄코

오늘, 둘롱 땅오스에 일대 혼란이 일어났습니다. 전과 같이 화요일에, 전도 심방을 위해 한 집에 들어가 대화하는데 힘겹게 돌아가던 선풍기가 멈춰 버렸습니다. 정전이었지요.
거의 매일 있는 정전이라 대수롭지 않게 생각하고 집을 나서는데 좁은 골목에 사람들이 가득했습니다. 이리저리 뛰는 사람, 지붕으로 올라가는 사람, 한숨 쉬는 할머니... 아수라장이었습니다. '멜랄코'가 뜬 것입니다. 멜랄코는 한국의 '한전'과 같은 전력 회사입니다. 불법으로 연결된 전기선을 끊으려고 몰려온 사람들이었지요.

급식 시간이 20분 밖에 남지 않아 서둘러 교회로 향하는 길에 수많은 사람이 부딪혔습니다. 교회 앞에 도착하니 수류탄까지 차고 온 중무장한 SWAT 병사 두 명이 검은 복장을 하고 교회 앞에 있는 것이 아닌가요. 그 앞에서 급식을 기다리느라 쭈뼛거리는 어린이들이 눈에 들어왔습니다.
군인의 총부리로 호위를 받은 멜랄코의 전사(?)들은 벌써 수십 명이 지붕에 올라가 닥치는 대로 전깃줄을 끊어 땅바닥에 던지고 있었습니다.

흥분과 분노, 슬픔에 가득 찬 사람들은 검은 총부리 앞에서 그저 하염없이
담배를 태우며 또 여러 날을 흑암과 더위 속에 지낼 생각에 눈물 없는 통곡을
하고 있는 듯 했습니다. 거리에 가득한 그들 틈 속에 끼어 있는 저와 아내는
영락없는 이방인이었습니다. 왜냐하면 저희는 그곳을 빠져나와 저녁이면 환한
전깃불 들어오는 선교센터로 돌아 올 것이기 때문이었지요.

순간적인 미안함과 무력감에 SWAT 병사를 밀치고 아이들과 함께 교회 안으로
들어 왔습니다. 빛이 들어올 구멍이 출입문 하나 밖에 없는 예배당,
꺼진 형광등 아래에 옹기종기 모여 있는 60 여 명의 아이들의 이마를 타고
내리는 땀방울이 한없이 서글펐습니다.

하필이면 오늘 왜 닭죽을 끓였을까….
그나마 멈춰버린 4대의 선풍기 아래서 죽 한 숟가락 떠놓고 후후 불어대는
아이들이 눈에 들어 왔습니다. 부채를 대신하여 들고 있던 심방일지를 아이들
머리 위로 흔들어 대며 이렇게 간구하였습니다. "예수님, 우리도 우리 전기를
정식으로 달 수 있도록 도와주옵소서…" 순간 울컥 거리는 눈물을 보이지 않기
위해 꺼진 형광등을 올려다보았습니다. 주님도 울고 계신 것 같았습니다.

## 하늘에서 부는 에어컨

오늘 이곳의 날씨는 무척 더웠습니다. 기상청 발표로 섭씨 37도였습니다. 이른 아침에 교회에 도착했는데 전기가 나갔습니다. 창문 하나없이 2m 남짓한 예배당의 출입문이 유일한 환기구, 젖어오는 온몸은 그곳을 돌아볼 기력조차 허락하지 않았습니다.

슬그머니 도망(?)치는 이의 긴 그림자가 강대상까지로 늘어질 때, "주여", 소리가 저절로 나왔습니다. 기도했습니다. "주님, 너무 하십니다. 너무 더워요. 바람 좀 주세요." 앞에 앉은 성도가 찢어준 신문조각을 열심히 흔들어 대며 예배를 드리고 있었습니다. 간증 시간이었습니다.
땀 흘리며 앞으로 나온 자매님이 갑자기 눈물을 흘리더군요.
"주님, 감사 합니다. 우리 어머니는 이곳 보다 몇 천배 뜨거운 지옥에서 8년째 울고 있을 텐데.... 저는.... 천국가게 됐으니...."
그 순간 하나님께서 바람을 불어주셨습니다. 성령의 강풍을 불어 주셨습니다. 땅에 내려놓은 조각난 신문지는 제 손에서 떨어지는 땀방울로 완전히 젖었지만 저는 하나도 덥지 않았습니다. 여러분도 하늘나라 에어컨을 켜보세요, 선풍기를 틀어보세요. 얼마나 좋은 주님이십니까, 그렇지요?!!!!

## 흥분의 추수감사 주일

**매일** 매일 일상의 삶을 보면 감사할 것이 없을 듯 살아가는 땅오스의 형제들, 그들에게 추수감사주일이란 너무도 생소한 날이었습니다. 지난주에 추수감사주일을 위한 리더 모임을 마치고서 한 자매가 이렇게 말했습니다.

"1년에 한번만이라도 추수할 것이 있었으면 좋겠는데……"

그런 그들에게 추수감사 예배를 준비시키는 것이 무거운 부담이었습니다.

그러나 하나님께서는 예배를 하는 내내 그들의 가슴속에 성령으로 함께 해 주셔서 찬양시간에 슬픔을 치유하셨고 말씀을 나누며 가슴을 두근거렸으며 특별 순서를 통해서 따듯한 그리스도 안의 형제애를 느꼈습니다. 평소보다 약 70 명가량의 사람이 더 출석하여 청장년이 276 명, 바닥에 앉고 뒤편에 서고, 문밖 계단에 서서 안을 조금이라도 들여다보려고 애쓰는 여리고 셀(남성구역)들의 얼굴들이 문득문득 보였습니다. 23평의 작은 예배실은 더더욱 비좁았습니다.

구역별 특별순서.
조금은 비둔해 보이는 몸집들을 탬버린 하나에 걸고 돌고 도는
예루살렘 구역의 여 성도들,
찬양과 몸 찬양으로 교회 안을 압권으로 이끌고 간 베들레헴 구역의 성도들,
그리고 쑥스러운 듯 찬양하는 남성구역의 뱃사람들,
청년들의 의미 담긴 드라마,
모든 순서들이 흥분하게 하는 시간, 시간이었습니다.
매주 한 구절씩 암송하던 성경구절 20절을 암송하는 시간, 총 15명이 도전해서
한 사람씩 3분 안에 외워야 하는 성경 암송대회는 정말 흥분이었습니다.
영광의 1등은 지난 9월에 창에서 떨어져 뇌를 다쳤던 그레이(Geray)의 엄마
안지 자매였습니다. 정말 숨 쉴 틈도 없이 3분 안에 외우는데 얼굴이 벌게지고
단 한마디도 틀리지 않고 외웠는데 불과 2분 22초. 박수 소리는 땅오스 전체에
퍼져 나갔습니다. 저는 눈물이 핑 돌고 코끝이 아파오더군요.

교회에서 과일을 준비하고 성도들 각자가 과일 콘테스트를 위해 가져온 과일이
강대상 앞을 장식하고 나이든 성도 한 분이(땅오스 유지, 선박 주인) 기증한 통 돼지
바비큐 냄새가 시간이 갈수록 배를 고프게 했습니다.

웃고, 눈물 고이게 감동을 받고, 평소에 못 먹던 과일과 통 돼지 바비큐도
먹어보고 함께 어울려 축제를 벌인 땅오스의 교인들에게는 오늘이 평생 잊지
못할 신앙의 추억으로 남았습니다.
선교사도 흥분으로 가슴이 벅차오릅니다.

이런 삶의 복이 날마다의 삶에 축제로 임하기를 기도해 봅니다.

## 성령의 열매는 열세 개???

**아직은** 감사라는 단어가 어색하기도 하며, 이 감정에 생소함을 느끼는 사람들이 '감사절'을 보냈습니다. 처음으로 특송을 준비하고, 자신들의 손으로 직접 예배당의 장식을 꾸몄습니다. 마음 설레며 일주일을 기다린 감사절 예배였습니다.
감사절을 맞이해서 과일 콘테스트를 한다고 교회 앞에 광고를 했었습니다. 그리했더니 네 명이 과일을 들고 왔습니다.

프란시스타노 할아버지.
그는 지방에서 올라오는 배에서 바나나 하역 작업을 마치고 떨어진 것들 중에 가장 좋은 것들을 한 바구니 거둬 왔고,

이그나시요 아주머니.
그녀는 구아바노를 지난 주 월요일에 사서 누가 먹을까봐 비닐에 싸서 지붕 사이에 걸어두고 철저히 감시한 덕에 겉은 국물이 흐를 정도로 흐믈거리고 속은 시큼했고,

알폰소.
그는 처음으로 사과를 사 봤다고 쑥스럽게 사과 하나를 내밀었고,

뚤다 아주머니.
그녀는 어디에서 그런 것을 골랐을까 싶을 정도로 작은 귤 두개를 가져 왔고....

어제 걱정스럽게 내리는 비를 맞으며 시장에서 사과 두 박스, 귤 두 박스, 수박
네 통을 사서 오늘 가져갔습니다. 오늘 성도들이 가져온 과일보다 훨씬 좋고,
크고, 비쌌지만... 맛은 훨씬 못하게 느껴졌습니다.
강대상 옆에 색지로 그려놓은 성령의 아홉 가지 열매 옆에 그들이 가져온
과일을 연필로 그렸습니다. 바나나, 구아바노, 조금 찌그러진 사과,
그리고 아주 작은 귤 하나...
오늘 홀리 그레이스에 맺힌 성령의 열매는 13개였습니다.

하나님을 영화롭게 해드렸다는 확신이 느껴진 아름다운 예배였습니다.

# 중풍에 걸린 할매가 채운 사랑의 족쇄

**수요일의** 예배... 오늘도 교회를 메운 성도들은 조심스럽게 주님을 만나고 있었습니다.
출석하는 교인의 90%가 처음으로 교회에 들어온 사람들... 물론 태어날 때부터 천주교회의 교인으로 살아 왔지만 홀리 그레이스 교회에 나오기를 시작하면서부터 그들은 새로운 삶을 맛보고 있는 듯합니다.
하지만 두려움의 영에 고통 받는 빈민가의 사람들은 자신들의 삶에 오는 변화가 기쁨 반 두려움 반으로 받아들이고 있습니다. 그래서 아주 조심스럽게 주님께로 다가오고 있습니다.

오늘 기도회에 한 할머니의 간증이 선교사의 가슴을 두근거리게 했습니다.
교회를 이전한 지난 2월부터 수요 기도회와 주일 예배에 한 번도 결석하지 않던 할머니였습니다.
몸이 불편해서 계단을 오르내릴 때는 누군가의 도움을 받아야 하는데도 힘들다는 말이 별로 없는 할머니입니다. 그동안 심방은 두 번 밖에 하지 못해서 자세히 알 수는 없었습니다.

그러나 오늘 그 할머니가 회중 앞으로 나오셔서 전과는 다르게 아주 어렵게 말씀을 하셨습니다. 멀리서 보아도 말하는 중간 중간에 혀가 왼쪽으로 휘감기는 것을 볼 수 있었고, 그 혀를 펴서 말하는 순간에는 저의 침이 넘어갈 정도로 힘들어 하면서 말을 이어 가셨지요.

그분은 흔히 말하는 중풍을 연거푸 5번이나 겪으셨습니다. 작년 12월에 쓰러져 병원에 다녀온 후에 올 들어 교회를 다니면서 부터는 괜찮았는데 지난주 월요일 아침에 갑자기 몸이 굳고 말이 나오지 않았답니다.
(지난주 수요일에 결석하셨을 때 미리 알았어야 했는데...)

화장실 출입도 못하고 꼼짝없이 누워서 굳어가는 혀를 포기하고 마음속으로 기도하셨답니다.

"하나님, 주일 전까지 저를 일으켜 주세요, 교회에 가야 합니다."

그렇게 금요일까지 속으로 기도하다가 토요일 저녁에는 하염없이 눈물을 흘리며 간구하셨습니다.

"하나님, 내일이 주일입니다. 교회 가야 합니다. 말씀을 들어야 합니다. 다음 주 월요일에 다시 쓰러져도 내일 교회는 가게 해주세요."

당신도 자신이 왜 그런 기도를 했는지 모르겠는데... 눈앞에 교회와 예배 모습이 보이며 움직이지 않는 몸을 아프게 뒤틀며 기도하셨다고 했습니다. 그런데... 주일 아침에 눈을 떠보니 몸이 풀려 있고, 혀가 풀려 있더랍니다. 혼자서 일어나셔서 화장실도 갖다오고 샤워도 하고, 교회를 다녀오셨다고 했습니다.
그러나 그분은 기도했던 대로 월요일에 다시 쓰러질 줄 알았답니다. 그래서 주일 저녁에 교회에 갔다 와서 다시 쓰러질 준비(?)를 해 놓고 잠을 주무셨습니다.
하지만 월요일부터 오늘까지 혀는 여전히 돌아가지만 이렇게 교회 나왔다고 커다란 수건으로 얼굴을 덮으며 엉엉 우시며 간증하셨습니다.

저리도 간절하게 교회를 사모하는데....
다시 쓰러져도 교회는 갔다 오기를 소원하는데....
한번만이라도 더 말씀을 듣고 쓰러지고 싶다고 하는 간증을 하시는데.....

저는 가슴이 두근거리다 못해 다리가 부들거림을 느꼈습니다. 다섯 번이나 쓰러지셨던 할머니의 간증은 저의 가슴과 온 몸에 사랑의 족쇄를 채웠습니다.
저들을 사랑하지 않고는 살 수 없는 사랑의 족쇄....

아~~~ 이 거룩한 부담으로 오늘밤에 잠이 오지 않습니다.
돌아오는 차 안에서 아내 황선교사와 눈물을 글썽이며 감격을 나누었고, 지금도 두근거리는 가슴에 눈물샘이 출렁거립니다.

감당할 수 없는 은혜에 깊은 숨을 몰아쉬며 할머니를 위해 기도드립니다.
"주님, 이 사랑의 족쇄가 풀리지 않게 하소서..."
저희 보다 행복한 선교사는 이 세상에 없을 것 같습니다.

- 사랑합니다. 주님, 아주 많이요.

## 목소리로 나오지 않는 기도

**요즈음**... 교회의 성도 가운데 아픈 사람이 자꾸 나옵니다. 아파도 아주 많이 아픕니다.

홀리 그레이스 교회에서 첫 세례 교인이 된 마리셀 자매는 지난주 금요일부터 갑자기 얼굴이 돌아가고 눈이 한번 감기면 잘 떠지질 않고 혀가 굳어 말이 잘 안 됩니다. 그녀는 구역 섬김이로, 성가대로, 주일학교 교사로 열심히 하던 자매인데. 안타까운 마음으로 매일 기도해 주며 지난 화요일부터는 중국인 한의사에게 침을 맞고 있습니다. 동양의학에 생소한 이들에게 침을 맞는 것은 공포 그 자체로 받아들입니다.
낯선 이방인들만 가득한 병원에 들어서서 긴장한 탓에 그나마 괜찮았던 나머지 반쪽 얼굴마저 굳는 듯 했습니다. 괜찮다고 설명하고 기도해주었지만... 웃을 때 찌그러지는 마리셀 자매의 얼굴이 참으로 불쌍해보였습니다.
덜덜 떠는 그를 위해 제가 먼저 침을 맞았습니다. 의사에게 부탁해서 머리부터 시작해서 열여덟 군데에 침을 꽂고는 살짝 웃어 보이니 그제서야 침대에 누워 침을 맞았습니다.

지난번에 간증으로 선교사를 울리던 중풍을 맞은 할머니가 또 쓰러졌습니다.
이번이 여섯 번째... 이번에는 주일에도 일어나지 못했습니다.
황 선교사가 주일 오후에 심방해서 기도하고 사정을 들어 보니 그 할머니의
아들이 동네에 소문난 마약중독자인데 한번 마약에 취해서 집안을 뒤집어
놓을 때마다 할머니의 혈압은 솟구쳐 결국은 쓰러짐을 반복한다고 전해
들었습니다.

어지러워 눈도 뜨지 못하는 그 할머니의 땀으로 젖은 이마에 손을 얹고
기도할 때 주님의 긍휼하심이 느껴져 눈물이 자꾸 나왔습니다.
오늘 그 할머니 집에 기도하러 가며 네 가지 약을 사 갖고 갔습니다.
식구들은 모두 나가고 12살 작은 소녀와 집에 있는 그 할머니는 우리의 목소리에
반가우면서도 눈은 뜨지 못했습니다. 눈만 뜨면 어지러워 바로 쓴물까지
구토해 버리는 고통 때문에.
집안 한쪽 구석 어두운 곳에 누워있는 할머니를 바람 드는 밖으로 옮기려 하니
싫다고 하십니다.
몇 번을 설득하여 할머니를 안아 밖으로 옮겨드렸습니다.
조심스럽게 침대에 눕혀 드리니 주르륵 흐르는 눈물을 옆으로 감추며 작은
소리로 이렇게 말씀하셨습니다.

"냄새 나는데 왜 안았어요!"

울컥 거리며, 뜨거움이 가슴에서 올라와서 고개를 얼른 들었습니다.
그렇지 않아도 삶이 너무 피곤하고 고달픈 사람들인데...
몸까지 저렇게 되어서....

그들의 머리에 손을 얹고 치유하심의 긍휼을 간구합니다.

오늘 하루도 대부분을 그들과 함께 보내고 돌아오는 차 안에서
아내 황 선교사와 아무 말 없이 그냥 돌아 왔습니다.
아마, 아내도 저와 비슷한 기도를 드렸을 것 같습니다.

- 하나님, 힘이 드네요... 저희를 불쌍히 여기셔서.... 그들을 고쳐주세요.

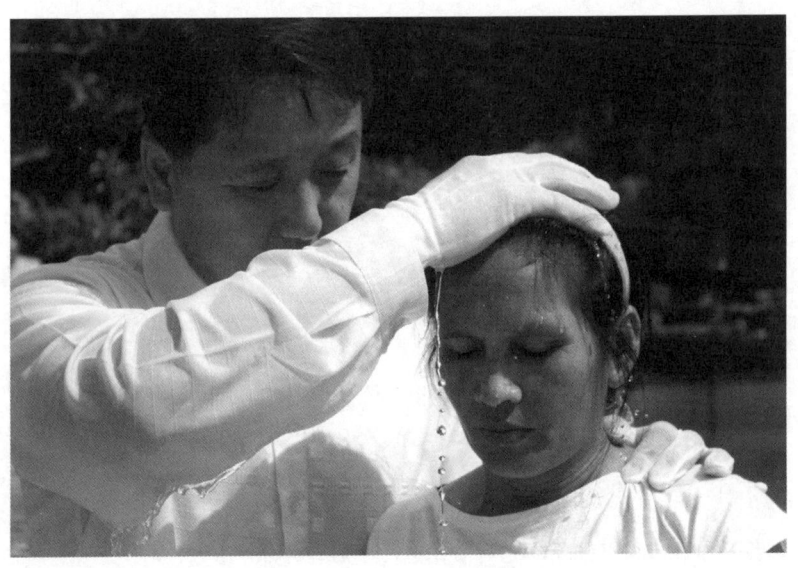

# 제시 형제의 간증

**어제의** 수요 예배, 홀리 그레이스 교회에서는 삶속에 역사하시는 하나님을 증거하는 간증시간이 수요 예배 때마다 있어왔습니다. 간증의 시간이 되자, 제시 형제가 강단으로 나갔습니다.
제시 형제를 땅오스에서 모르는 사람은 간첩이라는 말을 들을 정도의 유명인(?)입니다. 그는 어릴 적에 앓은 소아마비와 고통스러울 정도로 가난의 흔적을 온몸에 가지고 있는 형제입니다

그가 주님을 만나고 그분의 사랑을 알아가기 시작한 지 이제 겨우 6개월. 지난 12월에 세례를 받은 후에 물속에서 몸을 의지하던 목발을 힘차게 집어 던지고 유유히 자유의 수영을 즐기던 모습을 떠올리게 합니다.
그러나 아직은 성숙과는 좀 더 좁혀야 될 거리를 가지고 있는 그 형제가 간증하러 나갈 때 순간 긴장하지 않을 수 없었습니다. 아직 여과되지 않은 언어를 그대로 갖고 있기 때문에서지요. 그를 아는 모든 성도들도 잠시 긴장하며 그의 말에 귀를 기울였습니다.

"저는 여러분이 알고 있듯이 깡패이고, 술 좋아하는 마약 중독자입니다.

도박을 좋아하고 사람들이 내 앞에서 무서워하는 모습을 즐기는
사람이었습니다.
하지만 예수님께서 나를 변화시켜 가고 계십니다. 이제는 술중독이 아닌 찬양
중독이 되어가고, 마약중독에서 하나님 말씀에 중독되어 갑니다.
내 앞에서 웃는 사람들이 사랑스럽습니다. 그러나 아직은 완성되지 못한 제시를
위해 기도해 주시고, 저의 변하는 모습을 끝까지 지켜봐 주십시오."

간증을 하는데 너무도 거침이 없는 말, 준비해서 외운 듯이 쏟아내는 그의 말에
그만 모든 사람들은 넋을 잃은 듯 듣고 있었습니다. 그가 마이크를 내려놓을 때
모든 사람들이 박수로 그를 응원했습니다.
얼굴이 빨갛게 되어 자리로 돌아가는 제시 형제의 알루미늄 목발이 훨씬 가벼워
보였습니다.

기도회 내내 제 가슴은 흥분의 두근거림을 안고 있었습니다. 돌아가는 제시
형제의 어깨에 조용히 손을 얹으니 그도 저를 보며 쑥스러운 미소를
건넸습니다.
작은 자의 마음도 이렇게 기쁜데…. 주님의 마음은 오죽하실까.

땅오스의 어두운 골목길을 걸어 나올 때 복음의 밝은 빛이 그 땅에 가득할 날을
꿈꾸며 행복의 귀가 길을 서둘렀습니다.

- 행복합니다.

# 행복한 선교사

인터넷을 켤 때마다 듣기에도 생소한 한국의 '물폭탄' 피해에 소식을 접하면서 마음이 착잡하고 멀리 이스라엘의 전쟁소식을 들으면서 그곳에 가 있는 사랑하는 사람의 안부가 심히 걱정됩니다.
들리는 소문들이.... 기도의 무릎을 꿇게 합니다.

주일을 하루 앞둔 밤이면 잠이 잘 오지 않습니다. 내일도 한없이 흘릴 땀을 생각하면 벌써 부터 누워서 힘을 비축(?) 해야 할 것 같은 조급함과 함께 마음이 분주할 뿐 쉽게 잠에 들 수가 없습니다.
벌써 열흘이 지난 것 같습니다. 지난 12일 새벽 0시 30분, 선잠 속으로 빠져들 때 다급한 핸드폰 소리에 가슴 철렁이며 받은 전화가 있었습니다. 불이 났다는 한 성도의 목소리에 일어나 앉을 수 없을 정도로 힘이 빠짐을 경험했습니다.

불과 1년 반 전의 기억이 생생합니다. 땅오스 한쪽 구석의 화재로 잊을 수 없는 시련이었는데.... "왜, 또?", 라고 하는 의문 부호를 끌어다 붙이며 달려간 땅오스에서는 연기 냄새도 맡을 수 없었습니다. 바닷물이 튀는 수상가옥

250여 채가 어디로 갔는지 보이지 않았습니다.
주름 잡힌듯 불에 탄 검은색 나무들은 삐죽거리며 하늘을 향해 솟구쳐 올라 있고 장대비 속에서 재가 되어버린 몇몇 되지 않는 양은 밥그릇의 잔재들을 어루만지는 땅오스의 사람들이 눈에 들어 왔습니다.
불에 타버린 흔적을 없애기라도 할 듯, 아니면 땅오스 사람들의 흐르는 눈물과 한숨 소리를 감추려는 듯 무섭게 퍼붓는 빗줄기는 화재 현장을 똑바로 볼 수 없게 만들었습니다.
임시 대피소로 달려갔습니다. 불과 열흘 전에 아기를 출산하고 붓기도 빠지지 않은 얼굴로 주름 가득한 얼굴의 갓난아기를 안고 차가운 고등학교 교실에서 창문너머로 들이치는 빗방울을 비닐로 가리며 떨고 있는 교회 성도를 보는 순간에 할 말을 잃었습니다.

지난 주일에 교회에 광고를 했습니다.
"가슴이 아픕니다. 괴롭습니다. 눈물이 납니다. 왜 이런 시련이 또 왔는지… 하지만 하나님은 여전히 우리를 사랑하십니다.
한국에서도 수해 피해 때문에 이번에는 우리를 도울 수 없을 겁니다. 우리가 서로 도울 수밖에 없겠습니다.
기도하며 나누어 줄 수 있는 모든 것을 가져옵시다. 그리고 특별 구제 헌금을 따로 하겠습니다."
예배 후에 한 성도가 다가와서 말했습니다.
"목사님 광고 목소리가 너무 떨리고 곧 눈물이 쏟아질 것 같았습니다. 만약 그때 눈물 한 방울이라도 떨어 졌더라면 우리 모두는 통곡을 하고 말았을 것입니다."
그리고 우리는 함께 울었습니다.

교회의 한쪽 구석에 차곡차곡 쌓여가는 헌 옷들....
하루에 두 번 밖에 밥을 짓지 못하는 저들 중에 누군가 5kg이나 되는 쌀을
가져 왔고....
가지런히 담겨있는 라면 7개가 너무 크게 보였습니다.
그리고 지난 주일에 함께 모은 헌금이 3천 페소(6만원).
살아 계신 하나님이 주신 사랑의 마음들이 어떤 성도의 말처럼, 생전 처음, 생전
처음으로 남을 돕고 기분이 좋다는 고백을 하게 했습니다. 주변에 알고 있는
한국 사람들이 함께 헌금하여 3만페소(60만원)을 준비했습니다.
오늘 화재지역에 내려가 일단 집 세 채를 짓기로 하고 성도들을 위로하고
왔습니다. 자기의 집은 못 지어도 옆집이 지어지는 것이 고마워서 눈물을 짓는
성도들이 미안해서 얼굴을 제대로 보지 못했습니다. 제 마음 속으로,
'미안합니다, 고맙습니다, 사랑합니다'를 곱씹었습니다.
내일 드리게 될 주일 예배가 기대됩니다. 이제는 생전 처음으로 남을 사랑했던
저들의 사랑의 불씨들이 땅오스의 사람들 가슴속에 새로운 화재를 일으킬
것입니다. 누구나 갖고 싶어 하는 사랑의 불씨들을.
그들의 얼굴을 보고 싶어 하는 저는 분명 행복한 선교사입니다.

# 307의 기적

　　　**답답하다고** 말할 수도 없었습니다.
- 아이들의 밝은 얼굴을 보니…
덥다고 할 수도 없었지요. 그러기에는,
- 그들의 미소 띤 얼굴이 너무 맑았습니다.
좁다고 불평하기도 어려웠습니다.
- 그들의 찬송소리가 너무 뜨거웠습니다.

지난 주일에는 어린이 주일 예배를 1, 2부로 드리기로 결정하고 처음으로 맞는 주일 예배였습니다. 그런데 300 명을 넘어 307 명의 어린이가 예배하였습니다,

두 사람이 길을 가다 마주치면 한 명은 옆으로 서야만 지나가는 좁은 골목에서 다음 시간의 예배를 기다리는 초등부 학생들로 말미암아 동네 사람들은 다른 길로 돌아가야만 했습니다.
예배당 안에 있는 아이들은 분반공부를 위한 공간이 없어 계단에서, 부엌에서 흘러내리는 굵은 땀방울을 손으로 쓸어내면서도 맑은 눈망울을 선생님께 고정했습니다.

그래도 한꺼번에 예배드릴 때 보다는 널널해진 공간이 고마운지 숨쉬기
편해졌다고 너스레 떠는 5학년 학생이 귀여워 보였습니다.

지금 땅오스의 구석에 놀라운 일들이 일어나고 있습니다.

주님께서 얼마나 사랑하셨으면...
저들이 얼마나 기다려왔으면...

우리가 한 것이 아무것도 없고 성령께서 저들의 발걸음을 교회로 교회로
몰아오심을 느낄 때 더더욱 가슴이 뭉클해짐을 느낍니다.
밤새도록 고기를 잡고 벌겋게 된 눈으로 8시 1부 예배 때 나왔던 남자 성도가
집으로 돌아가며 이렇게 말합니다.

"바다 위에 교회를 지을 수 있다면 좋겠는데.... 공짜거든요. ㅋㅋㅋ"

교회의 부지를 알아보고 있습니다.
주님께서 보내주시는 영혼들을 품어야겠습니다.

## 또 하나의 이유

　　　　**수퍼** 태풍 밀레뇨가 상륙한다는 뉴스를 듣고 대부분 바닷가에 사는 성도들이 걱정되어 아침 일찍 내려가서 집집마다 돌아보았습니다. 이미 바람은 거세졌고 출렁이는 바닷가에 발을 담그듯 아슬아슬 서 있는 집들은 조금씩 흔들거렸습니다.
노란색 우비를 뒤집어쓰고 두 시간째 돌아다니며 준비해간 철사와 빨랫줄로 몇몇 집을 대충이라도 묶어 주었습니다. 위험하다 싶으면 교회로 아이들을 옮기라는 말도 잊지 않았습니다.
그런데 흔들리는 방 안에 앉아있으면서도 그들의 걱정은 저에 대한 것이었습니다.
"빨리 집으로 돌아가세요"
"양철 지붕이 머리에 떨어질 것 같으니 잘 보고 다니세요." 등등.

기상대의 발표대로 오후 4시쯤에, 마닐라를 관통할 것이란 말만 믿고 2시쯤 빨리 돌아 가라는 교인들의 걱정스런 재촉을 받으며 교회를 나섰지만 30분도 못되어 난생처음 태풍의 중앙에 서 있고 말았습니다.
쏟아지는 비바람에 앞이 보이지 않고 나의 운전과는 상관없이 중앙선을 밟고 가는 앞바퀴, 눈앞에서 뽑혀 나가는 굵은 나무들....

순간 머릿속은 집에 두고 온 가족과 금방 다녀온 바닷가 옆에 흔들거리던
성도들 걱정으로 가득 찼습니다.
급하게 핸드폰을 눌렀지만 불통... 이미 도로는 차가 지날 수 없이 물이 차고
다른 차는 물론 길거리에 사람을 볼 수가 없었습니다.

거센 비로 앞이 보이지 않았지만, 무작정 동쪽을 향해 좁은 골목들을 헤집고
가다보니 아는 길이 나왔습니다. 그러기를 어느새 1시간 주변을 돌아보니
지나가는 사람은 없고 몇몇 서있는 고장이 난 차들 뿐입니다.
다행히 잦아드는 바람에 다시 집으로 향하는 길은 온통 아수라장이었습니다.
넘어진 전봇대 옆에는 파란 불꽃을 튀며 누워있는
전깃줄... 넘어진 나무를 그냥 넘어 보려다 바퀴가 헛돌고... 길옆에 하늘을 향해
드러누운 나무뿌리는 지름이 족히 3미터는 넘었습니다.
집에 돌아와 보니 밖에 있던 세탁기와 가스통이 춤을 추듯 굴러 다녀 세탁기는
거의 반 박살나 있었습니다.

아득한 꿈 같던 3일전 일을 기억하면서 교회에서 성도들을 만났습니다. 물론
어제 전교우집을 돌며 안부를 물었기에 대충은 피해를 알고 있었지만 오늘 만난
그들의 얼굴은 태풍 전인 지난주와 전혀... 아주 전혀 다르지 않고 평온한
얼굴이었습니다. 참 대단한 분들입니다.
오히려 더 뜨거워진 듯한 찬양과 더 진지한 얼굴에서 예배의 감격을
느꼈습니다. 고난 중에 평온할 수 있는 여유를 배우고 닮고 싶은 저들입니다.
그들을 사랑하는 또 하나의 이유입니다

## 각자의 방언으로(Breaking chain)

찬양축제 30분전부터 이미 삼삼오오 교회로 모여들기 시작한 교우들의 불그레한 얼굴에서 날씨가 꽤 덥다는 것을 짐작했습니다.
행여나 전기라도 나갈까... 남모르게 전기 스위치를 부여잡고 기도도 해 보고...^^ (이 맘을 누가 알까...)
한쪽 귀퉁이가 찢어져 버린 드럼의 심벌즈를 몸부림치게 내리치며 찬양축제는 시작했습니다.

네 시간 내내 의자도 치워버려 앉을 수도 없었지만 아무도 앉을 생각도 하지 않고 집회는 이어졌습니다.
70을 넘긴 할머니의 들려진 팔은 내려올 줄 모르고, 떨어지는 땀방울로 강대상 1인치 합판을 적시며 온몸으로 찬양하는 몸 찬양단...
그 자리에 함께 있는 자체만으로도 성령의 용광로를 안고 있는 듯 했습니다.

「Breaking Chains」, 어둠과 질병, 가난과 두려움, 죄악과 죽음의 묶여진 사슬들을 끊기 위해 허리가 휠 때까지 토해내듯 찬양하는 저들의 모습에서 신기한 모습을 발견했습니다.

예배중 한번도 꿇어본 적 없는 무릎을 타일 바닥에 부비며 눈물과 기도의 땀을
흘려 대는 200 여명의 사람들의 입술에서 신기하게 들려온 소리들.
각자의 방언으로 기도하고 있는듯 했습니다.

저 뒤 켠 창문틀에 기대어 서서 수건으로 얼굴을 가리고 펑펑대며 눈물로
기도하는 자매가 눈에 들어옵니다. 그런데 그 자매는 말 못하는
메이메이 자매였습니다. 하지만 그녀도 자기의 방언으로 말하고 있었습니다.

비슷비슷하게 살아왔지만 각자의 말을 가지고 있던 그들...
그렇지만 하나님 앞에서는 우리 모두는 서로를 이해했습니다.
이제는 서로를 향해서 사랑하기 시작했고
그 위에 성령의 기름 부으심이 있었습니다.

땅오스의 하늘을 뒤흔들어 놓은 네 시간동안의 찬양집회는
아직도 가슴에 먹먹하게 남아 있습니다.
지금도 내 콧소리는 찬양의 음표들을 따라 다니고 있습니다.

다음 주일 설교가 기대됩니다.
모두가 이해할 능력의 선포가 될 것을 기대합니다.

# 롤러코스터

2부 예배 후에 병자를 위한 심방 요청이 있었습니다. 주일마다 교회에 나와 찬양하며 슬피 울던 한 할머니, 한 달 전에 중풍으로 쓰러진 아들의 정신이 오락가락 하여 언제 숨질지 모르니 기도 좀 해 달라는....

좁은 골목을 들어서 집안에 들어서니 이제 갓 서른 살을 넘겼을까...
뜻밖에 그는 침대 옆에 앉아 있었습니다.
떨군 고개를 들어 눈을 맞췄지만 시선을 잃어버린 풀어져 버린 눈.
그는 영락없이 오래살 수 없는 사람으로 보였습니다.

짧은 반바지에 벗어젖혀진 그의 상체는 흉물스런 문신이 전신을 덮고 있었으며, 이미 빠져 버린 근육으로 늘어져 버린 피부가 그의 모습을 더욱 고통스럽게 보이게 했습니다. 가망이 없다는 의사의 선고를 받고 집으로 돌아와 하루하루 소망없이 살고 있었습니다.

그의 몸을 부여잡고 물었습니다.
- 내 말을 알아듣겠냐고...

- 나의 기도를 따라서 하라고....
- 내가 묻는 말에 어떻게든 대답하라고.

그의 가슴에 손을 얹고 하나님의 긍휼을 구했습니다. 간간히 흘러나오는 신음소리가 들렸습니다. 그리고 그의 육신과 영혼을 조이고 있는 악한 영을 꾸짖을 때 그의 신음은 약간의 괴성으로 변했고 얼굴에 고통의 일그러짐이 일었습니다. 이제는 마음의 평안을 기도하고 영접기도를 따라할 때 그는 비록 알아들을 수 없는 소리지만 한 마디도 놓치지 않고 신음소리로 대신 했습니다.

마지막으로 예수님이 어디 계시냐고 물으니 몸부림을 칩니다.

당신의 마음속에 계시나요?
짧은 물음을 던지면서 그의 눈을 바라 보았습니다. 촛점을 잃었던 눈이 순간 저의 눈과 시선이 맞혀짐을 보았습니다. 그리고 힘없이 고개를 두 번 떨구며 대답을 대신하고 무언가 말하고 싶어 고통스럽게 입을 움직였지만 알아들을 수 없는 소리만 토해 냈습니다.
옆에서 함께 기도하던 아내가 죽어 가는 그의 손을 얼마나 세게 잡았는지 검은 색으로 아내의 손자국이 선명히 찍혔습니다. 지옥으로 가면 안 된다고 끌어 당겼던 것 같았습니다.
하나님의 은혜에 감사하며 영혼을 사랑하시는 그분의 사랑을 체험하고 교회로 돌아왔습니다.

심방을 마치고 오후 2시에 시작한 어린이 예배에 오늘도 260 명의 아이들이 모여 들었습니다. 홀리 그레이스 교회의 예배당은 아래 윗층 합해 봐야 30평

조금 넘는 공간에 아이들과 선생님들이 뒤엉켜서 드린 예배는 그야말로
전쟁터 같습니다.

오늘 드디어 아찔한 일이 벌어졌습니다. 예배실 공간을 조금이라도 더 넓혀
보려고 가파르게 세운 계단은 늘 불안하게 보였는데 그 계단에서 예배를 마치고
한꺼번에 몰리는 바람에 앞에 가던 유치부 학생이 넘어져 깔렸습니다.
정상 보다 키가 자라지 않아 난쟁이라고 놀림을 받던 귀염둥이 다이린,
넘어진 작은 몸 위로 덮쳐지던 몇몇 아이들을 몸을 던져 막아낸 청년 교사가
있어서 더 이상 큰 사고는 나지 않았습니다.

한 영혼이 주 앞으로 돌아오는 것을 시기하던 악한 사탄이 심통을
부렸나 봅니다.
웃다가 울 뻔했던 아찔했던 순간을, 주님은 끝까지 지켜 주셨습니다.
그러니 이제는 교회의 확장을 더 이상 미룰 수 없을 것 같습니다.
본격적으로 매달려 기도해야겠습니다.

- 주여, 주의 장막을 넓혀 주소서.

## 2% 모자란 선교사

- **영혼** 사랑 300 대 축제(Loving soul 300 Festival)
새해가 시작되면서 하나님께 기도하며 약속했던 홀리 그레이스 교회의 300 명 전도목표가 드디어 지난주에 채워졌습니다.
사실 2주 전에 305 명이 참석했지만 유아 세례를 축하하기 위해 손님으로 온 사람이 30 명 정도가 있어서 저희들의 목표가 달성된 것은 아니었습니다.

그런데 지난주일에 그동안 기도해 오던 기드온 300 프로젝트 마지막 날에 하나님께서 319 명의 영혼들을 교회로 몰아 주셨습니다.
기존의 성도들이 약 20 명가량이 대거(?) 결석한 상태에서 채워진 영혼 사랑 300 대축제는 하나님의 전적인 축복의 시간이었습니다. 이미 성전에서는 앉을 자리가 없었고 예배당 안으로 들어오지 못한 성도들은 계단에 앉아 마이크로 들리는 소리만 들을 수밖에 없었습니다.

후끈한 열기 가운데 예배를 마치고 나니까 행복한 땀방울이 송글송글 굴러 다녔습니다. 이미 그들은 하나님의 눈도장에 찍힌 행복한 사람들입니다.

땅오스에 복음의 새 역사를 쓰고 있습니다.
설교 끝마무리에 물었습니다.

"땅오스에서 우리의 전도목표는 얼마입니까?"

그동안 땅오스 인구의 10%를 달라고 기도해 왔기에 7천명이란 답을
기대했었습니다.
그런데 "7만이요~~" 라고 짜고 하듯 성도들이 소리칠 때 순간 전기가 온몸을
통과하는 듯 했습니다.

그렇습니다. 저는 하나님의 마음을 몰랐던 것 같습니다. 하나님께서는 그들
모두가 구원받기를 원하고 계셨습니다. 10%의 계산법은 나의 얕은 생각에서
나온 아주 이기적인 통계였습니다.

물이 바다 덮음같이 하나님의 구원이 땅오스 전체를 덮을 때 까지,
땅오스의 7만 영혼이 주 앞에 올 때까지 우리의 비전은 비상해야 할 것입니다.

이제 새 성전 건축을 시작할 때가 된 것 같습니다. 온 성도들이 기도해 오던
목소리가 들립니다.

- 하나님, 우리가 300명을 채우면 새 성전을 허락해 주옵소서.

땅오스의 구석에서 희망과 목표 없이 살아오던 저들이 이제는 삶의 활력을
찾았습니다. '영혼 사랑 300 대축제'를 준비하면서 한 자매가 했던 말이

떠오릅니다.

"사는 게 이렇게 행복할 줄 몰랐습니다."

저들을 축복해 주십시오. 이제 7천의 목표를 발판삼아 7만을 향한 하나님의 마음을 가슴에 새깁니다. 그래서 '영혼사랑 300 대축제'는 "빛이 있으라"는 하나님의 음성의 첫 음절입니다.

## 하나님의 손끝이
가리키는 그곳

몽롱한 기억
땅오스의 화이트 크리스마스
이상기후
계절의 변화
눈물도 답이 아닌 것 같았는데
선교도우미 이종보 간사의 간증
선교도우미 전기철 간사의 간증
분신자살
3월의 소낙비
복음과 밥통
비겁한 태클
집
3cc
선교도우미 심광휘 간사의 간증
선교도우미 송은혜 간사의 간증
선교사를 위한 기도
새해에 드리는 기도
개똥
하늘에 떠오른 달을 보며
밥 얻어먹고 기분 좋은날
새해를 앞두고
무릎을 꿇고 사는 인생
유효기간

# 몽롱한 기억

2006년의 추수감사절을 맞이했습니다. 아침에 일찍 하늘을 덮고 있는 두꺼운 구름을 바라보며 기도를 드립니다.

"주님, 구름을 걷어주시고 오후 2시까지 만이라도 비가 없도록 도와주소서."

홀리 그레이스 교회의 예배당이 좁아 오늘은 야외에서 감사절 연합예배를 드리기로 했습니다. 8시 예배시간에 맞추기 위해서 7시쯤부터 하나 둘 찾아오는 성도들의 얼굴이 환해 보입니다. 임시로 마련한 강대상 위로 찬양단의 악기가 세워지고 손수레를 뒤집어 세워 걸쳐 놓은 프로젝터 스크린이 절묘하게 보입니다.
하지만 나는 그저께부터 시작된 여름 감기 몸살로 어질 거리는 시야를 바로 잡으려고 눈을 부릅떠 보고 저려오는 팔을 주물러도 보지만 아침에 먹은 감기약 기운에 자꾸 눈이 쳐지는 것 같습니다.

1부 예배시간, 이미 예배 장소도 거의 차 갈 때쯤 구름 사이로 고개를 내민 햇살에 볼살이 따가워 옵니다.

- 구름을 걷어 주신 하나님, 참 좋은 하나님. 그런데 좀 덥네요.

무대 위에서는 지난번의 찬양집회에서 찢어져 버린 드럼의 심벌즈가
출렁거리며 산 제사를 드리는듯 했습니다.
야외에서 드린 예배였으나 예배당 안에서 드릴 때처럼 예배의 엄숙함과 경건한
모습이 여전함에 사뭇 놀란 것은 저 자신이었습니다. 어수선할 것이라고 미리
소리 지를 준비를 했건만.... 어린 아이들까지 귀를 세워 조용히 말씀을 듣는
모습에 무겁던 몸이 가벼워짐을 느낍니다.

본격적인 감사절 2부 순서.
세상에 이런 일이.... 올해는 아무 준비되지 않은 것 같아 내심 걱정했었는데
소리없이 준비해 온 각 구역별 순서에서는 난생 처음 보는 장면들이 이어
졌습니다. 약 기운으로 정신이 몽롱해 지는 가운데서도 한순간도 눈을 뗄 수
없었습니다.

각 구역별로 색을 맞춰 옷을 입었습니다. 새 옷을 살수 없어서 빌려 입은 것,
분홍색을 내기 위해 락스물에 빨강색 옷을 담가 두었는데 엉뚱한 색으로
변해 버려 귀여운 웃음을 선사하기도 했습니다.
임신 8개월의 부른 배로도 현대 워십 찬양을 하느라 보는 이로 하여금
조마조마한 유쾌함을 선사한 아줌마 부대.
그런가 하면 말 못하는 자매가 몸찬양팀에서 하나님을 찬양하는 모습에
400여명의 성도들은 순간 숨을 죽이기도 했습니다.
한쪽 구석에서는 80kg의 돼지고기를 굽느라 남자 성도들의 얼굴은
숯불에 얹은 돼지 엉덩이처럼 불그스레해져서 기름만 치면 먹을 수 있을 것

같다고 주변에서 농담을 던집니다.
간증 시간이 되었습니다. 홀리 그레이스의 지체들은 오늘을 기다려서 한 해 동안에 가장 큰 축복을 나누는 시간에 눈물을 흘리며 고백들을 토해냅니다. 그 모든 간증을 선교사의 가슴에 새깁니다. 그 감사가 내년에는 배가 되는 축복을 보려 합니다.
그런데 시간이 갈수록 더위로 어지러운 현기증이 일었습니다.

"주님, 너무 덥습니다. 못 견디겠네요."

그리고 그 순간 아무도 모르게 갑자기 맑던 하늘에 구름이 다시 덮였습니다. 청년들의 힘찬 안무로 2부 순서를 마치고 슬거운 점심식사를 끝으로 모든 축제가 끝났습니다.

그때까지 간신히 참아온 몸을 차에 던지듯 얹어 놓고 흔들거리며 차는 출발했습니다. 몇 분이 지나자 차 창문에 부딪히는 강한 빗소리가 들립니다. 눈을 떠서 시계를 볼 필요도 없었습니다. 그때는 오후 2시였을 테니까요. 몸은 너무나 아팠지만 영원히 잊지 못할 땅오스의 감사절은 제 삶에 또 한 번의 기적으로 기록되었습니다.
그리고 그 이후로 필름이 끊겨 버렸습니다.

## 땅오스의 화이트 크리스마스

**지난주에** 한국에 내린 최악의 폭설 소식을 뉴스로 들으며 안타까운 마음이 들었지만 마음 한쪽에는 오랜만에 저런 눈에서 한번 굴러 봤으면 하는 엉뚱한 생각을 가져본 적이 있었습니다.
크리스마스 이브, 도저히 잠잘 수 없을 정도로 터져대는 폭죽소리에 뒤척이다가 20여년 전에 마지막으로 본 한국에서의 화이트 크리스마스 생각이 났었습니다.

집으로 가는 경의선 열차의 창 밖에 보이는 소복이 쌓인 눈에서 부드러움과 포근한 느낌, 뽀드득 소리를 들으며 조심스레 논두렁에 쌓인 눈을 밟고 가던 생각, 산 밑에 백석 교회에서 틀어 놓은 성탄 찬송소리...

뻥뻥 거리는 창밖의 폭죽소리도 들리지 않을 정도로 깊은 옛 향수에 빠져들다가 문득 엉뚱한 생각을 했습니다.
아~~ 내일 화이트 크리스마스가 되었으면 좋겠다.
입가에 삐지고 나오는 허탈한 웃음을 뒤로 하고 다시 잠을 청했습니다.

그런데, 오늘 땅오스에 화이트 크리스마스가 되었습니다.

1, 2부 연합으로 드린 성탄 예배. 다시 비좁아진 예배실, 많은 성도들은 앉지도 못하고 내내 서서 예배를 드렸습니다.
마음껏 찬양하며 신나게 웃고 손을 잡고 축복하는 축제의 예배를 마치고 가파른 계단을 내려오는 성도들의 얼굴이 하얗게 보였습니다,
이런 행복은 처음이라고 아내 황선교사를 붙들고 엉엉 우는 마릴린 볼하 자매,
어제 마신 몇 잔의 술이 오늘처럼 부끄러운 적은 난생 처음이라고 느닷없는 속삭임의 간증(?)을 남기고간 이름을 밝힐 수 없는 아저씨^^

그 순간 작은 호롱불을 들고 새벽송을 돌던 그 옛날 화이트 크리스마스 이브의 감정과 기분이 되살아났습니다. 오늘 본 그들의 환한 얼굴에서 만족해하는 웃음 속에서 화이트 크리스마스를 보았습니다.
땅오스의 어둠을 덮어버린 하나님의 사랑.... 흰눈처럼 살포시 내려 그들의 아픔과 상처와 슬픔을 덮으시는 하나님의 조용한 사랑.... 아름다운 나비가 되려고 껍질 벗는 고통스런 몸부림을 치는 누에 처럼, 거듭난 삶의 모습을 위해 몸부림을 치는 땅오스 사람을 향한 하나님의 조용한 위로.

아~~ 참 행복한 성탄절입니다.
향수병에 걸릴 뻔한 불쌍한 저를 긍휼히 여기셔서 땅오스에 화이트 크리스마스를 허락하신 하나님, 정말 좋아 좋아.

# 이상기후

**요즈음** 필리핀은 이상기후로 몸살을 앓고 있습니다. 마닐라에서 17년 밖에 살지 않은 저희들은 물론 이곳에서 태어나 수 십 년을 살아온 사람들도 올해가 가장 이상한 기후라고 합니다.

너무 춥습니다. 밤이면 창문을 모두 닫고 방문까지 닫고 자야 합니다. 요즘에는 제가 한번 입은 옷을 다음날까지 입고 다녀도 거뜬(?) 합니다^^

황 선교사는 장롱 속에 있던 14년 전에 한국에서 가져온 얇은 누비 이불을 두개 겹쳐서 꿰메 덥고 있습니다. 얼마 전에는 마닐라의 기온이 섭씨 17도까지나 내려갔습니다.

어제 주일 아침 1부 예배를 드리려고 교회의 문을 열고 들어오는 성도들과 악수를 하는데 그들의 손이 너무 차다고 느꼈습니다. 보온이 허술한 집에서 밤새도록 덜덜 떨다가 교회에 오려고 찬물에 목욕을 하였으니 그들의 손은 방금 눈사람을 만들고 온듯했습니다.

지난주 토요일에 몇몇 성도의 집을 심방하다가 아기를 낳은 지 얼마 안 된 두 명의 성도를 방문했습니다. 환경이 좋은 단독 주택이 아니라, 일년 내내

파도 소리를 들어야만 지낼 수 있는 수상가옥이었습니다. 아직 산후통도 가시지
않은 것 같은 자매의 입술이 퍼렇게 질려 있었습니다. 나무판자 틈 사이로
엄청난 바람이 밀려들어옵니다.

어릴 적 앓은 소아마비로 불편한 몸을 이끌고 교회에서 봉사하는 제시 형제가
어제 교회를 못 나왔습니다. 예배시간 내내 그가 연주하던 손때가 묻은 작은
'봉고'가 눈에 크게 보였습니다. 그는 지난 몇 주 동안 추위에 웅크리고 땅바닥
에 앉아 있다가 심한 요도염에 걸려 온 몸이 불덩이 같다고 했습니다.

몸이 불편한 그 형제는 할 수 있는 일이 초상집의 시체 옆에서 밤을 새어주는
일입니다. 스산한 바람이 부는 초상집에서 모두가 돌아간 맨 바닥에 쪼그리고
앉아 밤을 새워주고 하루에 받는 돈은 우리 돈으로 2,000원.

차라리 예전처럼 더웠으면 좋겠습니다. 축축한 땀 베인 손을 잡고 악수하고,
신생아의 이마에 송골송골 땀이 맺힌 얼굴을 보고 싶습니다.
맨바닥에 누워도 오그라진 다리를 쭉 뻗고 잠을 자는 제시 형제를 보았으면
좋겠습니다.
땀으로 몸에서 나는 썩은 쉰내 때문에 옷을 벗어 젖히더라도 이제는 좀
더워졌으면 좋겠습니다.

내일은 제시 형제를 병원에 입원시켜야 할 것 같습니다.
예배 때마다 이마에서 떨어지는 땀방울이 봉고 가죽을 적시고,
열정적으로 북을 두드려 손톱 사이로 핏물이 배여 나오는 제시 형제의 얼굴을
다시 보고 싶습니다.

## 계절의 변화

**참으로** 오랜만입니다. 뜨거운 태양 때문에 감히 하늘을 바라볼 엄두가 나질 않았기에 그냥 밑만 보고 살았었는데 내리는 가는 빗줄기를 얼굴로 맞아 보기 위해 고개를 들어 하늘을 바라보았습니다.

시원하게 얼굴을 타고 내리는 빗줄기를 맞으며 오랜만에 하늘을 올려다보았습니다. 계절이 바뀌어 가고 있는 하늘이 눈에 들어옵니다. 시원했습니다.

아내의 말대로 필리핀에서 한여름을 보내고 나면 얼굴의 땀구멍이 1미리미터는 넓어진다는 말이 생각이 났습니다.^^ 그래서 그런지 흘러내리던 빗줄기가 얼굴에 고여 멈추어선 것 같았습니다. 길지는 않지만 그래도 그렇게 조금 더 비를 맞고 있었습니다.

예년과는 다르게 올해는 계절의 변화를 몸과 마음으로 체험하고 있는 것 같습니다.

나이가 들어가는 증거일수도 있고,
너무 길게 느껴졌던 올 여름이었기 때문일 수도 있고,
드디어 땅오스 땅에도 그리스도의 계절이 오고 있기 때문일 수도 있고.
이 세 가지가 전부 이유일 수도 있을 것 같습니다.

요즘에는 차만 타면 깊은 잠에 곯아떨어집니다. 운전해 주는 형제가 있었으니 다행이지... 그렇게 자신이 있던 체력이 이제는 아닌 것 같습니다. 계절의 변화에 적응중인 것 같습니다

금년의 여름은 유난히 길었습니다. 땅오스의 땅에 찍은 발자국, 그 땅에 흘려보낸 땀방울, 그 땅이 뿌려대는 흙먼지를 핑계 삼아서 훔쳐낸 눈물도 유난히 많았던 여름이었습니다.

새 성전 건축 이후에 부쩍 많아진 사역들 속에 밀려오는 새로 등록한 사람들의 얼굴을 다 기억하기도 전에 또 새로운 얼굴이 교회로 들어옵니다. 추수기를 맞이한듯합니다. 하나님의 구원 역사를 강하게 느낍니다.

얼마 전에, 심방 중에 바닷가 옆에 세워진 수상집 문지방에 걸터앉아 멀리 보이는 바닷물을 보며 엉뚱한 생각을 한 적이 있었습니다.

"하나님, 이 땅에 쓰나미를 일으켜 주십시오. 집을 부수고, 생명을 앗아가는 바닷물 쓰나미가 아닌 죄악을 쓸어내고 영혼을 살려내는 성령의 쓰나미를 일으키소서, 이 땅에 당신의 계절이 오도록 도와주소서."

어제 성전을 가득 메워 숨쉬기 답답한 성전 안에서 성도들과 눈 맞춤을 하며
그 기도가 생각났었습니다.
그리스도의 계절이 이 땅에 오고 있음을 봅니다.
그 변화를 몸과 마음으로 느끼고 있는가봅니다. 이제 머지않아
성령의 쓰나미가 땅오스의 땅을 휩쓸고 갈 날을 기대합니다.

유난히 덥고 힘들었던 여름이 흩뿌리는 이슬비에 고개 숙여 지나 갈 때
흔들거리는 차 안에서 비몽사몽 몸을 맡기고 지나가는 계절을 쫓아가고
있습니다.
그리고 그동안 기다렸던 그리스도의 계절이 땅오스 땅에 서서히 차 옴을
내 영이 느끼고 있습니다.

## 눈물도 답이 아닌 것 같았는데....

**안타깝게도** 오늘, 생각하지도 못했던 사고가 났습니다. 쓰레기 소각하던 중에, 지난번 MEC(선교영어캠프) 때 학생들이 쓰고 버리고 간 뿌리는 모기약통이 터진 것입니다. 저는 교회에 가있는 사이였고 엄청난 폭음과 순간 솟아오른 불기둥이 가족과 동네 사람들을 놀라게 했습니다.
사고는 소란만으로 끝난 것이 아니라 쓰레기를 태우고 있던 동네 아주머니가 얼굴에 화상을 입었습니다.
작년에 남편이 술에 취해 싸우다 사고로 죽고 나이어린 아이들을 굶듯이 키우고 있는 아주머니였습니다. 동냥보다는 계속적인 수입을 위해 일거리를 달라던 나이어린 아주머니...
깊게 파인 눈과 애처롭게 마른 체구에서 도저히 일을 할 수 없어 보였지만 지난 MEC(선교영어캠프) 때도 그 많은 일을 소리 없이 해내던 고마운 아주머니였습니다. 학생들이 한국으로 돌아가고 이제는 도울 일이 없지만, 아이들 하루, 하루 먹을 양식이라도 벌 수 있게 해달라는 간청에 허락했었는데...
교회에서 돌아와 방에 들어가 보니 얼굴과 목, 오른쪽 팔에 화상연고와 으깬 감자를 흉하게 붙이고 있는 모습에 순간 당황스러웠습니다. 다도 상처를 입은 화상이 아니고 순간적 열기에 벌겋게 열이 오른 모습이었습니다.

평생 구경해 보지도 못했던 작은 깡통은 따로 모아 버린다고 했건만 그것을
잊어버리고 깨끗이 치우려고 불속에 던져버린 작은 깡통, 극구 침대를 사양하고
방바닥에 누워있는 아주머니를 위해 기도해 주고 눈을 떠 보니 연고와 두껍게
덮인 감자 사이로 골이 생길 정도의 눈물을 흘렸습니다. 화끈거리는 얼굴때문에,
낯설은 외국인 사이에 혼자 누운 외로움에, 먼저 가버린 남편 생각에 그리고
기다리고 있을 작은 두 아이 생각에 설움의 눈물이었을 것입니다.

그 아주머니가 이렇게 말했습니다. 평생에 자기를 위해 눈물로 기도해주는
사람들을 처음 만났노라고...둘러앉은 식구들을 향해 오히려 고맙다는 인사로
눈물을 흘릴 때의 그 모습. 우리는 다시 한 번 기도했습니다. 사람이 아닌,
하나님이신 예수 그리스도께서 아주머니를 위해 기도해 주고계신 그 사랑에
감사 하면서. 기도 후에는 둘러앉은 우리 모두의 뺨에서 굵은 눈물자국을
보았습니다. 그리고 설명할 수 없는 기쁨의 미소가 모두에게 있었습니다.

허연 연고로 얼굴을 덮었지만 화장했다는 농담까지 해가며 집으로 돌아간
아주머니, 병원은 죽어서나 간다고 고집부린 아주머니, 오늘밤에, 예수님께
기도하겠노라는 뜻밖의 소리까지 하고 돌아간 아주머니.

그분을 위해 오늘, 기도합니다.

"주님, 제발 그 분을 구원해 주소서...."

- 낮에 흐르던 눈물이 또 한 번 흐르는군요. 주님의 뺨에도.....

# 선교도우미 이종보 간사의 간증

'선교도우미'로서 이 곳 필리핀에 온 지도 어느덧 11개월.
짧다하면 짧은 시간이고 길다하면 긴 시간이었습니다.
그 속에서 발견한 것은 하나님께서 부족한 나를 통해서도 일하시고 계시다는
사실과 나의 미래를 예비하신다는 확신.
그러한 사실적인 경험과 확신이 있기에 다음에 오는 선교 도우미에게 도움이
되고자 부족한 저의 지금까지 선교 도우미로서의 삶을 적어보고자 합니다.
부족함을 넉넉하게 채우시는 하나님이시기에…….

작년 12월, 학교를 휴학한 상태에서, 그 당시(지금도 그렇지만) 대학생이면
으레 한번 해외에서 언어연수를 하는 것이 일반화되어 있어서 그런지는 모르지만
내 마음 속에 '학생 때 한번 외국을 가고 다양한 것을 접해 보자는 생각과 이왕
가는 김에 영어도 공부하자.'라는 마음을 가지고 기도를 하고 있었다. 어찌 보면
너무나 평범한 생각에서 나의 선교도우미로의 길이 시작된 것 같다.

또한 그 당시에 우리 교회가 한창 건축을 하고 있던 중이었고, 아버지가 목사인
관계로 성전을 건축하는 현장에서 없어질 수는 없는 운명(?)이었다. ^^ 그 성전

건축을 돕느라 휴학한 시기의 상당부분을 써버린 나에게 시간의 지나감이 점점 초조함으로 다가오기 시작하였고, 주님께 기도하면서 나의 삶을 주님 뜻에 맡긴다고는 하지만 휴학 목적에 대한 진전이 없음으로 인해서, 포기할까?, 하는 생각도 하게 되었다. 그러나 돌이켜 보면 그 과정이 하나님이 이곳에서 나를 쓰시기 위한 준비 작업이었음을 깨닫게 되었다.

어느 날, 여느 때처럼 성전 건축을 도와주는 일을 마치고 집에서 쉬고 있는데 한세대학원에 다니던 누나가, 우리 교수님이 수업시간에 그러셨는데, 필리핀에서 영어도 공부하며, 선교사님을 돕는 도우미를 구하는데 너 한번 연락해볼래?, 하는 것이었다.
"응, 그래."
라고 대답한 나는 별다른 기대를 갖지 않고 '한번 해보자'라는 생각으로 쉽게 대답을 했다.
그 다음에 오는 누나의 말이, 거기 많이 힘들데. 빈민들 사역을 하는데, 고생할 각오를 해야 한데, 순간 생각을 했다. '괜히 대답했나?' 그러나 그 당시에 새로운 환경과 영어를 공부해야겠다는 갈망이 있던 나로서는 이것저것 잴 여유가 없었다. 이왕 하는 것 빨리하라고 누나에게 부탁하여 그 교수님을 통하여 선교사님을 알게 되었다.

'임문희 선교사님.' 여자 분이신 줄로 알았다.^^ 순간 생각이, 나는 총각인데, 여자 선교사님에게 가도 되나, 였다. 그러나 그 고민도 잠시 사진을 보는 순간 그런 고민은 말끔하게 사라졌다. 건장한 체격에 멋 있으신(?)남자. 거기에다 아이들도 있었다. 큰 아이가 12살!!! 그 밑으로 둘이나 더 있다.(???)

어쨌든 웃음 나오는 고민을 뒤로하고 선교사님과의 메일과 메신저를 통한 교제로 인하여 선교지로 가기 위한 준비를 했다. 그 때, 선교사님께서 나에게 하신 첫 단어가 떠오른다. Flexibility, 제가 어떻게 그 곳에서 생활해야 하지요, 에 대한 답이었다.
그 당시에, 영어실력이 많이 부족하던 나는 얼른 사전을 찾아서 본 순간 이 유연성이라는 단어에 많은 느낌을 받았다. 또한 기대가 되었다.
도대체 선교사의 삶이 무엇이기에 이 flexibility가 필요할까, 였다. 여러 번의 이메일을 나눈 후에, 필리핀에 오는 날짜가 정해지기까지 한 달 안에 모든 일이 진행되었다. 그리하여 생애 처음의 해외 경험과 선교자의 삶을 체험하기 위한 계획이 진행되었다.

처음, 필리핀에 첫 발을 내딛는 순간 더운 기운이 나를 엄습해왔다. 그날 한국에서는 함박눈이 내렸었기에 필리핀에서 받은 더운 기운은 나로 하여금, 이거 장난이 아니구나, 라는 생각을 가져다주기에 충분했다.
임문희 선교사님과 황선미 선교사님의 반갑게 맞아주심에 안심을 하고 마음을 가다듬기 바쁘게 그 다음 날부터 빈민촌 급식을 가게 되었다. 처음 접하는 사람들, 이빨만 빼고 나머지는 다 검었다. 2차 세계대전 영화에서나 볼 수 있었던 트라이시클, 아무데서나 사람들을 내리는 지프니, 모든 것이 신기했다. 왜냐하면 아직은 관광자의 마음이었기에.......

드디어 빈민촌에 도착하여 급식을 했다. 그 더운 곳에서 다닥다닥 붙어서 조금이라도 더 먹으려고 하는 빈민촌의 아이들을 보니 너무 가슴이 아팠고, 나의 과거가 감사했다. 그들에게는 더운 것은 배고픔에 견줄 바가 되지 않았던 것이다.

또한 황선미 선교사님은 아이들에게 열심히 따갈록으로 찬양과 율동을
가르치시며 아이들에게 영혼의 양식이 들어가게 하는 것도 잊지 않으셨다.
한 가지 크게 인상을 받은 것은 그 곳에서 필리핀 사람들을 대할 때, 대하는
자들에 맞게 변화되는 모습이었다. 아이들에게는 아이들로, 어른들에게는
친구로, 갓난아기에게는 엄마로 다가가는 모습을 통해 flexibility의 flexi까지
알게 되었다. ^^

내가 여기에 오기 전에 선교사님께서 MK선교를 하기 위해서 이곳에서
피아노를 가르치라고 말씀하셨다. 어렸을 때부터 부모님께서 어려운 환경
속에서도 피아노를 배우도록 하셔서 교회에서 반주를 하고 있었기에 내가 할 수
있는 것은 그 것 밖에 없었다.
처음에는 MK가 뭔지도 몰랐다. 그냥, 현지인들에게 피아노를 가르치는
것이구나, 라는 생각으로 피아노책 몇 권을 준비해갔다. 그 당시에 선교자의
삶이 무엇인지, 또한 어떤 시스템인지를 몰랐던 터라 준비가 부족할 수밖에
없었다.
MK란 Missionary Kids의 약자로 MK선교사는 선교사님들의 자녀들의
자국민으로서의 정체성을 심는 것을 돕고, 그들이 선교지에서 가지는 교육과
우리나라 문화 경험의 부족을 채워주는 또 하나의 선교자라고 선교사님이
말씀해주셨다. 처음에는 피아노만 가르칠 계획이었다. 그러나 아이들이 수학
과목에 자신감이 없다는 것을 사모님을 통해 알게 된 후로 아르바이트로 했던
수학강사와 과외의 경험을 살려 수학도 함께 가르쳤다.

MK. 쉽지 않고, 쉽게 생각해서도 안 되는 역할이었다. 처음에는 많은 부딪힘도
있었고, 내가 잘 하는 것인가, 하는 생각이 있었다. 그러나 목적이 옳기에 밀어

붙이기로 했다.

우선 수학의 경우에, 예선이가 가지는 수학에 대한 선입관과 부담감을 줄여주는 데 주력했고, 아이들과 접촉점을 찾으려고 노력했다. 처음에는 한국과는 다른 환경에서 자란 것에 대한 영향이 있어서 그런지 접촉점을 찾기가 쉽진 않았다. 시간이 지날수록 서로 울고, 웃고, 즐기는 시간이 많아질수록 아이들의 마음이 열어졌고, 감사하게도 지금까지 하나님께서 좋은 결과로 이끌어주셨다. 지금은 어느 정도 수학에 대한 자신감을 갖고, 그 전보다는 많이 긍정적으로 대하는 모습으로 변한 모습을 보면서 많은 보람을 느낀다.

MK선교사를 하면서 느낀 점은 내가 맘을 열어야 아이들도 연다는 것이다. 또한 문화적 차이가 있는 상태이기 때문에 서로의 것을 강요하다보면 충돌은 불가피하다. 그러므로 MK선교사로 나온 우리가 열린 마음으로 아이들을 대하면 그들도 우리를 이해하고, 나중에는 하나가 될 수 있다. 라는 것이다. 따라서 MK선교사로 나오기 전의 마음가짐이 상당히 중요하다고 본다. MK선교사라고 해서, 무조건 내 것을 준다, 라고만 할 수 없다. 그런 마음을 가지면 인간인지라 결과가 안 좋으면 쉽게 지치고 실망만 갖기가 쉽다. 오히려 반대로 생각하는 것이 좋을 것이다.
가르친다는 관계를 통해서 내가 타문화권에서 사는 우리사람들의 모습을 배울 수 있고, 열려진 마음을 통해서 하나가 될 수 있는 길을 배울 수 있다. 실전을 통해서 …. 이것은 우리가 알고 있는 지식보다 더 값진 지혜를 얻는 길인 것 같다.

나머지의 시간은 여기에서 영어를 공부하면서 보냈다. 남는 시간들 중에서 나를 개발하고 싶었고, 나에게 도움이 될 만한 무언가가 필요했고, 외국을 간다는 동기가 영어 공부였기에 선교일 외에는 영어공부에 매달렸다.

나는 필리핀 현지인들과 생활을 할 수 있는 기회가 많아서 학원에서 배운 영어를 써먹을 실전의 기회가 많았다. 그래서 그런지 몰라도 적은시간의 투자로도 많은 진보를 보았고, 영어에 대한 두려움을 없애고, 자신감을 갖게 되었다. 그렇기에 지금은 감사할 뿐이다.

선교지에서의 삶을 내 나름대로 축약하고 정의를 내린 것은, '내일 일은 난 몰라요'의 삶이라고 하고 싶다. 오늘 계획한 일이 내일 계획대로 되지 않을 때도 있고, 오늘 포기했던 일들이 내일 이루어지는 것을 많이 보았다. 그렇기에 변하는 사람들, 일, 돈, 현실보다는 변하지 않는 하나님을 바라보는 삶으로 살게끔 되고 또한 그렇게 사는 삶을 배워가고.......
이것이 선교지가 우리 삶에 줄 수 있는 크나큰 교훈과 훌륭한 처세술이 아닐까 싶다. 그것을 느끼기까지 나의 부족한 경험을 바탕으로 한 선교지에서의 선교 도우미로서의 살아가는데 필요한 것들을 적어보고자 한다.

첫째, 기도하는 자세가 필요하다. 선교지에서는 영적인 전투가 치열하다고 할 수 있는 곳이다. 그렇다고 '한국은 영적인 전투가 없다.' 라는 것은 아니다. 한국에서는 전투를 하는데 힘이 되어줄 수 있는 사람과 시스템과 소스들이 많지만, 이곳은 그렇지 않다, 는 것이다. 오직 자신과 하나님뿐이다.

둘째, 열려진 마음이다. 여기는 선교지이기 때문에 한국에서의 관념과 기대를 가지고 오면 당황할 수밖에 없다. 열려진 마음을 통해서 현지인을 이해할 수 있고, 감싸줄 수 있고, 내가 상처받지 않을 수 있다. 여기에서 일어나는 일들을 포용하려고 하면 이해하지 못할 부분이 없고, 부딪혀봐서 득이 안 되는 것이 없다.

셋째, 섬기는 모습이다. 이곳에서는 대접받을 수가 없다. 또 그런 대접은 만족을 줄 수 없는 것 같다. 나보다 부족한 자라도 섬겨야 한다. 섬김을 통해 나의 모습을 점검할 수 있고, 여기서의 삶을 감사로 돌릴 수 있다.

그런데 사실, 나도 이상에서 적었던 것들은 다 지키지 못하였다. 어떠한 부분은 나의 부족함속에서 나온 다음 선교도우미에 대한 바램 일 수도 있다.
선교도우미라는 것은 선교사가 경험할 수 없고, 후원자가 경험할 수 없는 또 다른 영역이고, 역할인 것 같다.
선교도우미는 선교자의 삶으로 인생을 살아가는 것을 배우고, 하나님과의 관계를 확인하고, 그 배운 것을 본국에 와서 다시 적용하여 올바른 후원자가 될 수 있고 하나님의 부름이 있으면 선교사로 나갈 수 있는 중간자적인 역할이라고 여긴다.
그 중간자적인 역할을 경험하여 선교사의 삶을 배워보고자 하는 자에게 강력히 추천하고 쉽다. 내가 확실하게 이야기 할 수 있는, 하나님은 실수하지 않으신다는 경험이 있으므로.

## 선교도우미 전기철 간사의 간증

**하나님이** 계신지 없는지 진짜 확인해 보고 싶었습니다. 계신다면 나도 한번 정말 찐하게 만나보고 싶었습니다. 그래서 필리핀 선교지로 대책 없이 가게 되었습니다.

필리핀에 도착한 날 새벽 교회 옆, 성도님들이 살던 수상가옥에서 불이 났고 약 2천여 명의 사람들이 집이 새까맣게 변해버렸습니다. 아침에 가보니 검은 잿더미로 변한 수상가옥 마을에 시커멓게 타다 남은 양철판이라도 건지려는 사람들과 모든 것을 잃고 망연자실한 듯, 아직도 올라오는 연기를 바라보는 사람들이 뒤섞여 있었습니다.

제 자신이 영화를 찍는 세트장에 온 것 같은 생각이 들었습니다. 모든 것이 너무 큰 충격이라 현실을 받아들일 수 없었습니다.

불이 난 지역을 둘러보고 성도님들을 만나기 위해서 임시 대피소로 사용 중인 고등학교에 잠시 들렸습니다. 선교사님께서 성도님들 한 사람, 한 사람을 위해 기도해 주시고, 상황을 파악하는 중에 어린 소녀가 저희에게 다가와 도움을 요청하였습니다.

임문희 선교사님은 그 작은 소녀를 위하여 기도해 주시고 먹을 것과 입을 것들을 주셨습니다. (그 소녀가 11년 후에 홀리 그레이스 첫 번째 파송 선교사로 인도네시아로 가서 사역을 합니다.)

학교를 나와 좁은 골목길에 돌아다니며 성도님들 가정을 심방하러 가는 중에 내가 보기에는 분명히 길이 없는데 제 앞에 가던 리더는 쓰레기가 가득한 시커먼 웅덩이를 아무렇지 않게 걸어갔습니다. 그 리더 뒤에는 제가 있었고, 그 뒤로 선교사님과 다른 간사님들이 있었습니다.
순간 머뭇거림이 있었습니다. 한국에서 좋은 옷과 비싼 운동화를 신고 왔는데 그 웅덩이를 보고 잠시 고민하였습니다. 뒤쪽에 있었다면 선교사님과 간사님이 하는 것을 보고 따라했을 텐데… 잠시 고민하고 제 비싼 운동화와 바지는 똥물보다 더러워 보이는 웅덩이 속에 들어갔습니다.

그렇게 웅덩이를 지나 한 시간 정도 더 돌아다녔던 것 같습니다. 걸을 때마다 제 나이키 97맥스는 검정 구정물을 계속 뿜어냈습니다.
가장 아끼며 가지고 갔던 모든 것들을 똥물보다 더러운 웅덩이 속에 담고 나서야 제가 어디에 와 있는지를 분명히 알 수 있었습니다. 정말 감사했던 것은… 제 힘과 의지로는 절대 그곳에 제 스스로 들어갈 수 없었다는 것입니다.
그 구정물에 아무 고민 없이 들어갈 수 있게 해주신 분도 그리고 그곳을 지나간 후에도 찝찝함이 아니라 감사한 마음을 주신 것도 분명 주님이셨습니다.
오직 나만을 위해서 나의 즐거움을 위해서만 철저히 살아왔던 모습이 이제는 다른 사람들을 처음으로 의식하기 시작하였습니다.

6개월 정도 나 자신 때문에 진짜 많이 울었던 것 같습니다. 아무것도 할 수 있는 것이 없어서 울었고, 힘들어서 울었고, 지난날의 잘못 살았던 삶에 대한 후회 때문에 매일 울었습니다.

그렇게 울고 나니까 비로소 다른 사람을 위하여 울 수 있게 되었습니다. 언어도 전혀 못하고 말씀 전할 능력도 안 되니…선교지에서 할 수 있는 것은 참 간단했습니다. 매일 성도님들의 집을 쫓아다니는 것이었습니다.

수요예배 전에 주일 예배 전 집집마다 돌아다니면서 ATTEND CHURCH 라고 외치고, 예배 참석 안 하면 또 찾아가서 NEXT TIME ATTEND CHURCH 만을 말했습니다. 필리핀 사람들은 참 착해요..다른 사람들의 계속되는 부탁을 거절 못하거든요.

ATTEND CHURCH와 NEXT TIME ATTEND CHURCH를 외치며 매일 골목 골목을 다녔습니다. 그렇게 다니며 아픈 사람을 만나면 또 같이 울어 주고…

제가 할 수 있는 것이 오직 이것들뿐이었습니다. 성경말씀을 잘 알지는 못했지만 선교사님을 통하여 말씀을 배웠고, 또 배우는 것을 믿었고 그 믿음을 가지고 저와 다른 사람들을 위해서 기도했습니다.

시력을 잃어가는 성도를 위해서 매일 찾아가 기도했고, 당뇨병으로 다리를 절단해야 하는 할머니 성도님을 매일 방문해 기도했습니다. 이기심과 고집과 욕심과 욕망에 사로 잡혀 있던 제가 저도 모르는 사이에 변하고 있었습니다. 아픈 사람을 보면 찾아가서 기도해 주고 싶고, 완전 음치라서 소리 내서 노래 부른 적도 없는데 혼자 목이 쉬도록 찬양도 하게 되었습니다.

그렇게 매일 심방하고, 기도하고, 찬양하는 것이 너무너무 즐거웠습니다. 가진 것 아무 것도 없고, 여전히 언어도 못하고 많이 부족하지만 그 시간들이 너무너무 행복하고 좋았습니다.

그리고 이제 한국으로 돌아가기만 기다리던 중 황선미 선교사님께서 저에게
몇 번 말씀하셨습니다.
"하나님의 부르심이 있는 것 같습니다."
저는 선교지에서 너무 좋은 시간들을 보내고 있었지만 그것은 아니라고 분명히
말씀드렸습니다. 황선미 선교사님이 2번을 말씀 하셨고 저는 아니라고 분명히
말씀드리고 한국으로 돌아가 어떻게 살 것인가를 깊이 고민하며
기도하였습니다.

그러던 어느 날, 꿈을 꾸는 중에 남자인지 여자인지 알 수 없는 음성을 들었습니다.

"너는 나의 사랑하는 이 사람들을 위하여 눈물을 흘려야 할 사람이다."

너무나 분명한 음성에 잠에서 깨어났고 메모지에 적어 두었습니다. 하나님을
만나보기 위해서, 진짜 있는 분인가 확인하기 위한 이기적인 마음에 선교지에
왔고, 지내는 동안 하나님은 매일 동행해 주시며 하나님이 누구시며 무엇을
원하는지를 말씀해 주셨고, 어떻게 살아야 할지를 분명히 알려주셨습니다.
제 삶의 목표와 방향을 분명히 말씀해 주시고 늘 함께하시는 하나님께 감사와
찬양과 영광을 올려드립니다.
또 2006년 온전하지 않은 한 명을 사랑으로 품어 주신 이승희, 박유미 간사님과
임문희, 황선미 선교사님 그리고 예선이, 예람이, 예준이에게 늘 감사합니다.

선교지에 오기 전에 누군가가 저에게, 너 중고등 학교 때로 돌아가면 뭐 할
거야, 라고 물으면 저는 자신 있게 대답했습니다. "더 열심히 놀 거야. 한번
놀아봐서 더 잘 놀 수 있어." 라고 이야기 했습니다.

선교지에서 시간을 보내면서 그 답이 변하였습니다.
누군가가 저에게, 너 중고등 학교 때로 돌아가면 뭐 할 거야?, 라고 묻는다면 저는 자신 있게 대답할 것입니다.
"나 더 일찍 예수님을 만나고 싶어.." 라고….

주님을 더 일찍 만나지 못한 것이 너무 아쉽습니다.

# 분신자살

**새벽** 두시에 울린 전화벨 소리는 피곤한 몸을 일으키기에 짜증스런 소리였습니다. 그런데 저쪽에서 울먹이는 소리와 함께 "다 타버렸다"는 말에 소스라치게 놀라 잠이 깨어 버렸습니다.
항상 조마조마하게 마음을 졸이게 하는 사건이 드디어 일어나고 말았습니다.
화재.

마약중독자의 어이없는 분신자살로 시작된 불길이 순식간에 바닷바람을 타고 1000여 가구의 집들을 사정없이 삼켜 버렸습니다. 교회 성전은 이전했지만 아직도 그 곳을 유치원과 주일학교 부속 예배당으로 쓰고 있던 옛 건물은 덩그러니 십자가만 남겨 놓고 흔적도 없이 사라졌습니다.
옷 한 벌 가져오지 못하고 목숨만 건지고도 선교사를 보자 눈물을 글썽 해하며, "살려주신 하나님이 감사하다"고 고백하는 성도를 보며 하마터면 소리를 내서 울뻔 했습니다.

모든 것을 잃어버린 수천 명의 사람들은 슬퍼할 겨를도 없이 너무도 분주했습니다. 온통 타버린 잿더미 속에서 고철이 될 만한 쇠붙이를 정신없이 찾아 다니고, 여전히 연기 나는 전신주에 올라가 전깃줄 구리선을 끊어내는 그들에게서 살려는 의지를 넘어 살기를 느껴야 했습니다.
그 속에서 아직도 불씨가 남은 검은 나무와 거센 불길에 터져버린 유리 조각에 베이여 상처난 발을 절뚝거리며 쇠붙이 조각을 찾고 있는 주일학교 학생을 만났을 때 참았던 눈물을 흘리고 말았습니다.

군데군데 불에 타 죽은 개와 고양이들의 누릿한 냄새에 비위가 상하고, 멍해지는 정신을 간신히 차리고서 앞으로 어떻게 할까 하는 생각을 추스렸습니다.
급하게 아내와 이틀 정도분의 식수와 바닥에 깔 매트, 쌀과 생선 통조림 등을 준비해서 성도들에게 전달했습니다.
그러나 당장 오늘밤에 칠흑 같은 어둠속에서 두려움의 연기 냄새를 맡으며 배고픈 채로 잠이 들 수많은 사람들이 미안해서 잠이 올 것 같지 않습니다.

임시대피소인 초등학교는 이미 포화 상태이고 그곳도 3일후엔 모두 비워줘야 한다니 앞으로 그들은 검댕이 묻히며 불타버린 바닥에서 잠을 자야 하겠지요.
그보다 더욱 큰 고통은 배고픔입니다.
어떻게 해야할 지 막막합니다.

## 3월의 소낙비

**예년** 같았으면 35도를 넘어야 하는 무더위가 어제 새벽에는 찬바람에 창문을 닫아야 할 정도였습니다. 시원하게 해 주는 찬 바람이 다른 때 같았으면 기분이 좋은 바람이었겠지만 화재 당한 땅오스 주민들 생각에 걱정이 몰려 왔습니다.
금년에 들어서 첫 번째 태풍, 하필이면 이때 오는지….

오늘도 땅오스로 내려가서 교인들과 주민들을 돌아보고 대피소인 땅오스 고등학교를 찾아가 피해 규모를 파악하고 있는데 갑자기 쏟아지는 소낙비가 너무나 원망스러웠습니다.
그나마 꾸덕꾸덕 해지던 진흙길이 온통 먹물 투성이로 변하고 맨발로 그 물에 발을 담그고 멍하니 하늘을 바라보는 팔순 할아버지의 눈에 3월 내리는 소낙비 보다 진한 물이 고이는 것을 보았습니다.
화재로 단하나 남은 옷들마저 축축하게 젖은 그들은 당장 오늘밤에 땅에서 올라오는 한기를 걱정하는 그늘이 얼굴 가득 차올라 왔습니다.
화재 후 5일째를 맞는 땅오스의 주민들은 그렇게 또 한 날의 검은 밤을 맞이하고 있습니다.

정부에서는 불탄 곳에 새로 집을 짓는 것을 금지하고 있습니다.
이 참에 소방도로를 낸다고 측량하고 있습니다.
그런데, 엉뚱한 일이 벌어지고 있습니다. 지난 수십 년 동안을 한 번도 나타나지 않았던 땅 주인이란 사람들이 나타나서 자기 땅이라고 주장하고 있습니다.
그들은 정체불명의 종이 한 장을 주민들에게 보여주면서 소유권을 주장하고 있습니다.
이제 다른 문제가 땅오스를 덮고 있습니다. 주민들의 눈빛에 원망과 분노가 차고 있습니다. 이러다가는 불만이 폭동으로 이어질까 걱정스럽습니다.
기도를 부탁드립니다.

# 복음과 밥통

**화재** 구호사역이 숨 가쁘게 돌아가고 있습니다.
많은 분들의 기도와 후원으로 이번 주 금요일에는 제3차 구호품 전달사역이 있습니다. 이번에도 제3구역 350 가정이 사랑의 식량 봉투를 받게 되겠지요.
지난주부터는 급식도 다시 시작했답니다. 한창 불탄 집 철거가 진행중이라서 먼지가 많이 나지만 그것은 그리 문제가 되지를 않습니다.
전기가 없어서 250 명 아이들 먹을 밥을 아내 황 선교사가 집에서 준비하여 가야하고 반찬만 교우들이 조를 짜서 하고 있습니다.
워낙 많은 밥을 하느라고 50인분 밥통으로 7번을 해야 하기 때문에 새벽 3시부터 밥 짓기를 시작해서 8시 반쯤 부랴부랴 집을 나서면 교회 도착해서 봉투에 옮겨 담고나면 바로 급식 시작 시간입니다.
녹초가 될 수 밖에 없는 황 선교사가 교회로 가는 차 안에서 지긋이(?) 눈을 감은 채 찬양을 부릅니다.

- 한손엔 복음 들고 한손엔 밥통을 들고 온땅 구석구석 누비는 나라 되게
  하소서.

이내 한바탕 소리 내서 호탕하게 마주보며 웃었지만 피곤해 보이는 아내 얼굴을

보며 미안한 마음이 많이 들었습니다.

그녀의 입과 눈 주변을 중심으로 얼굴에 집중해서 발생하는 붉은 반점이 심상치가 않아 보입니다. 우기철이 되기 전에 하려고 했던 소독 방역을 빨리 했어야 하는 것이 아니었나 하는 미안함이 몰려옵니다.

## 비겁한 태클

오늘 3차 구호품 전달사역을 은혜롭게 끝냈습니다.
그런데... 몇 가지 문제가 발생하고 말았습니다.
어제 구호품을 받을 수 있는 티켓을 나눠 주면서 성도들에게 말했습니다.
"이번에는 여러분들에게 10장씩 표를 주겠습니다. 사랑을 전하며 주님의
이름으로 나눠 주십시오.."

처음의 계획은 성도들 중에서 리더인 10명에게만 표를 주려고 했는데 나눠
주다 보니 그렇게 되지 않았습니다. 다른 성도들도 10장씩 표를 받아 가지고
들뜬 마음으로 동네로 들어갔습니다.
그런데 순식간에 몰려든 사람들 틈 속에서 그들은 당황했고 술 취한 사람과
마약중독에 눈이 풀린 사람들의 손아귀를 뿌리치기가 힘들었던지 고함을 치는
사람이 생기고 그 와중에 평소에 나쁜 감정을 가지고 있던 사람이 왜 표를 주지
않느냐며 머리채를 잡아끌고 싸움을 걸어와 일순간 동네가 아수라장이
되었습니다.
그 성도의 믿지 않는 남편은 몰려든 사람에게 발길질 하며 싸움을 하였습니다.

구호품 전달사역을 도우려고 온 30 여명의 성도들은 어두운 얼굴이었습니다.
이럴 바엔 주지 말자는 사람까지 있습니다.
하지만 "God is Love" 라고 쓰여진 붉은 어깨띠를 한 사람씩에게 나눠주며,
"그래도 참아야 한다"고 했습니다. 찬송과 기도로 기쁨을 회복한 그들이
다시 사역을 진행하는 것을 지켜보면서 소리 없이 기도하며 서 있었더니
긴장하고 힘주고 있던 다리에 알이 배었습니다.
저만 그런 줄 알았더니 아내는 근육이 뭉치고 설사가 나서 누워 있고 아직
나이 어린 자매 간사는 온몸에 고열과 설사로 일찍 방으로 들어갔습니다.

사탄이 비겁하게 갑자기 태클을 걸었는데 잠간 기우뚱 했었나 봅니다. 하지만
넘어지지는 않습니다.

- 이제 시작에 불과 한데 이 정도 가지고 주춤거릴 수 없지요.

# 집

**화재가** 일어났던 지역인 베리아 구역을 돌아 보려고 교회에 도착했을 때, 교회에 잘 나오는 자매의 남편이 갑자기 어제 사망했다는 소식이 기다리고 있었습니다.
지난달 땅오스에 발생한 2차 화재로 모든 것을 잃고 힘들어 하던 가정입니다.
그 형제는 교회에는 나오지는 않았었습니다. 그러나 동네에서도 착하다고 소문났던 그였는데……
엊그제 그의 아내가 주일 예배에 참석해 예배를 드리는 동안에 바닷물에 젖어 있는 작은 나무들을 주어모아 지붕이라도 덮기 위해 비를 맞으며 일을 했다고 합니다.
아내가 교회에서 돌아올 시간 즈음에 춥다며 따듯한 커피 한잔을 마시곤 지팡이 삼아 집고 일어서던 나뭇가지를 채 땅에서 떼기도 전에 그냥 한 마디 말도 없이 쓰러져 사망했답니다.

이제 겨우 서른일곱의 나이, 아이 셋과 평소에 말이 없는 착한 아내를 남겨두고 그냥 그렇게 가버린 형제의 얼굴이 5mm 두께의 관 유리판 너머에서 표정 없이 누워 있었습니다.

예수님도 알지 못하고 그냥 그렇게 가버린 그의 얼굴을 보니 참으로 미안한
마음이 밀려왔습니다.

이번 화재로 말미암아 홀리 그레이스 성도 모두 열 명의 가정이 피해를
입었었습니다. 하지만 겨우겨우 세 가정만 집을 새로 지어주고 나머지는
조금밖에 도와주지 못했습니다.
그래도 감사하며 헌 옷 봉지를 받아 들었던 그 자매는 무엇을 생각하고 있는지,
그냥 죽어있는 남편을 눈물도 없이 바라보았습니다. 아마도 세 아이와 함께
살아 갈 앞날에 대한 두려움이 뼈 속을 스미고 있었는지도 모릅니다.
축 처진 그녀의 어깨를 감싸 안아주던 아내의 눈에 이슬이 맺힘을 보았을 때
순간 다리에서 힘이 빠짐을 느꼈습니다.

돌아오는 길에 깊은 생각에 빠져있던 아내가 혼자 중얼거렸습니다.
이번에 우리가 그들의 새 집을 지어 줬더라면 저렇게 무리하다가 죽진 않았을지
모르는데......
쓸데없는 생각이라고 말은 했지만....

마음 한 구석에서는 "그럴지도 모른다" 고 속으로 중얼거리고
천국에 있는 아름다운 새집도 소개하지 못했던 것이 너무나 미안해서 새벽에
잠이 깨어 버린 것 같습니다.
쓰려온 가슴이 아직도 아픕니다.

- 아, 이럴 때는 정말...... 무릎에 힘이 빠집니다.

## 3cc

　　**제** 책상 앞에 난 창문은 동쪽을 향해 있습니다. 주일 준비로 책상에 앉았다가 문득 창문 밖을 바라보니 동그란 보름달이 보입니다.

와~~ 저런 달을 본 지가 얼마만인지....
달력을 보니 어제가 보름이었습니다. 그리고 보니 달을 본지가 참 오래된 것 같습니다. 필리핀에서는 긴 우기철 때문에도 그랬겠지만 저의 마음에 여유가 없었던 것 같습니다.

내일은 땅오스 지역에 일대 대 혼란(?)이 일어날 것 같습니다.
파상풍 주사 900 대를 3시간 안에 접종해야 하는데, 교회로 진입하는 골목은 두 사람이 엇갈려 걷기에도 좁은 곳.
얼마나 많은 육수(땀^^)를 흘려야 할지 기대도 됩니다.

언제나 교회로 향해서 골목길을 걷다보면 신경을 곤두세우고 바지를 꼬집어 들고 걷습니다.
무언가라도 찾으려는 사람처럼 눈은 땅에 곤두박질 쳐 놓고...

두 발작 건너 한 건씩 보이는 사람 똥, 개 똥, 고양이 똥, 그리고 쥐 똥까지...
요리조리 피해 걸어 보지만
누런 국물로 길가에 퍼져버린 그건... 할 수 없이 자폭하고 걸어갑니다. 그래서
저희 교회의 파리들은 전부 바닥에 앉아 그 국물을 음미합니다.

그곳에 의료선교를 위해 올 성 누가병원의 의사들을 위해 기도합니다.
그들은 직업이 의사인지라 유난히 위생과 청결을 얘기하는 소위 부자들...
한 번도 그런 곳에 다녀본 적 없는 그런 분들도 몇 분 따라 오십니다
부자(?)의 일거수일투족에 긴장하는 빈민가 사람들에게 똥 밭을 걷는 그들이
부지중에 상처를 주지 않기를 기도하고 있습니다.
자국의 빈민들을 위해서 비록 바지춤은 끌어 올렸어도
스스로 그들을 찾아가는 선한 의사들이 많이 헌신했으면 좋겠습니다.

3cc의 파상풍 주사로 우리의 친구들 온 몸에 달린 누런 고름주머니가
줄어들었으면 하는 기도도 드려봅니다

창밖에 달이 좀 더 높이 올라갔습니다.
고개를 숙여야 창문 위에서 살짝 빛을 비추는 달빛이
사랑하는 아들을 향해 윙크하는 하나님의 눈빛으로 보입니다.
설렘과 기대로 기다려지는 주일입니다.

- 사랑합니다.

# 선교도우미 심광휘 간사의 간증

**하나님께서** 하신다면...

한가지의 고민이 있었다. 대학교를 계속 다닐 것인가. 군대를 갈 것인가..
그 당시에는 집안의 형편이 그리 좋지 않아 계속 학교에 다니고 싶어도 그럴 수 없었다. 학교를 다니고 싶어 여러 가지 방법을 찾는 중에 어머니께서 필리핀 간사 헌신 이야기를 하셨다.

2년 전에, 나는 필리핀 땅 오스 땅에 단기선교를 다녀온 적이 있었다. 다녀온 후에, 어머니를 보자마자 한 말이 있다. "엄마 100만원이 하나도 아깝지 않았어!"
그때, 짧은 기간에 하나님께 받은 은혜가 너무도 컸기에 어머께 그렇게 말을 한 적이 있었다.

어머니에게 무슨 마음이 있으셨는지 날 학교도 아닌 군대도 아닌 필리핀 땅으로 보내시려 했다. 그렇지만 나는 가고 싶지 않았다. 차라리 학교가 아니면 군대에 가려고 했다. 그렇지만 이것은 내 마음 이었지 하나님의 뜻은 아니었다.
2학년이 되면서 교수진이 새롭게 편성되고 새로운 과목들이 편성되었다.
정말 이름만 들어도 웬만한 음악생들 이라면 와~! 할 만한 교수님들이 자리

잡고 계셨다..
그렇지만 나의 바람과는 다르게 하나님께서는 날 필리핀 땅으로 보내시려 이미
결정하셨다..오래 전부터..
하나님께서는 내가 필리핀에 갈 수 밖에 없는 상황을 만드셨다. 그리고 필리핀
땅에 가기로 결정되었다.
사실은 필리핀으로 떠나기 일주일 전까지도 내 마음에는 어디론가 도망칠 수
있다면 가고 싶은 심정이었다. 그 동안에, 하나님 앞에서 부끄러운 인생을
살았는데… 이런 사람이 어떻게 도시 빈민 사역을 돕는단 말인가, 하며
한탄하기도 했다.

필리핀에 가기 이틀 전, 하나님 앞에서 무릎을 꿇었다. 하나님께 그 동안 바르지
못한 신앙생활을 하며 살아 간 것, 하나님의 말씀에 순종하지 못하는 불순종의
사람이라는 것을 회개했다.
그날 밤, 잠이 오지 않았다. 앞으로 나에게 어떠한 일들이 생길지 깊은 생각을
해보았다.
그러는 중에 내가 순교자의 자리에 서면 과연 나는 어떻게 할까…
내목에 칼을 들이대고 예수 전하지마, 예수 믿지 마, 한다면 나는 그 자리에서
어떻게 할 것인가 생각해보았다. 그리고 그때 결심했다. 그들에게도 예수님을
전하자고 내 목숨이 위협받더라도 그들 또한 하나님께서 찾는 귀한 어린양이니까.

필리핀으로 떠나기 전날 파송예배를 드리는데, 목사님을 비롯해 전교인이 나를
위해서 손을 내밀어 눈물을 흘리면서 축복의 찬양과 축복의 기도를 해주었다.
나 또한 목이 메었으나 울음을 꾹 참았다. 강한 모습을 보여주고 나오고 싶었기
때문이다.

그렇게 파송예배를 드린 후에, 드디어 필리핀 땅으로 오게 되었다. 도착한 날 바로 성전 건축의 현장의 투입되었다.

처음으로 하는 공사장 일이 쉽지 않고 워낙 힘이 없었기 때문에 큰 힘이 되어주지 못했다. 몸은 힘들었지만 마음만큼은 기뻤다. 왜냐하면 하나님께 이미 모든 일들을 순종하겠다고 말씀드렸고, 마음을 순종의 마음으로 만들고 왔기 때문이다. 이틀간 성전 건축 일을 돕고 이제 본격적으로 사역을 하게 될 Holy Grace 교회로 발걸음을 옮겼다. 2년 전에 와서 보았던 모습 그대로였다.

주일, 정식으로 간사의 직분을 받고 전교인 앞에 소개되었다. 마음은 많이 떨렸지만 어딘가 모르게 행복한 마음이 있었다. 매일 같이 교인들의 집에 심방을 다녔다. 다니면서 말은 통하지 않지만 그들을 위해 기도해주었다. 하나님께 기도할 때 집집마다 이 세상에서 가장 큰 축복을 해주세요.. 라고 하나님께 말씀드렸다. 그때 내 마음은 배불리 먹을 수 있는 물질적인 축복의 마음이 있었다.

그러나 하나님의 마음은 그것이 아니었다. 또 하나님께 내가 감히 따졌다.

- 하나님 왜 저희는 매일 음식이 남아서 버리는데 이 사람들은 없어서 며칠씩 굶어야 되요?
- 왜 우리는 깨끗한 곳에서 깨끗한 옷 입고 사는데 이 사람들은 시커먼 시궁창물에 발 담그며 살아야 해요?

하나님의 대답은 하나였다. 이 사람들은 이런 어려운 삶을 살고 있기 때문에 하나님 앞에 더 가까이 나아 올 수밖에 없고, 더 부르짖을 수밖에 없다. 그렇기에 하나님과 더 깊은 교제를 할 수밖에 없다. 이것이 하나님께서 주신 세상에서 가장 큰 축복이었다.

필리핀에 와서 나에게는 두 가지의 적군이 있었다. 바로 음식과 언어다. 입에 맞지 않는 음식인데 이들이 대접 할 때는 싫어도 감사함으로 먹어야만 했다. 그래서 항상 어딘가에 초대될 때면 기도하고 출발했다.

"하나님, 감사함으로 먹게 해주세요."
항상 초대를 받고나면 두려운 마음이 있었다. 그렇지만 기도를 끝낸 후에는 평안하고 기대 될 뿐이었다.

두 번째는 언어였다. 원래 공부에게서 도망치는 인생을 살았기 때문에 머릿속에 있는 지식은 많이 없었다. 영어 또한 마찬가지였다. 초등학생 보다 모르는 단어.. 앞이 막막했다.
필리핀 사람을 만나게 되면 늘 피하게 되고, 대화하게 되도 5분을 넘기지 못했다. 그들에게도 미안했고 내 자신이 한심하기도 했다.
밤마다 하나님 앞에 무릎 꿇었다.

"하나님 언어의 장벽을 넘게 해주세요."

기도를 시작하고부터 내 마음에는 어딘가 모르는 담대함이 생겼다. 핸드폰 사전을 들고 한쪽엔 따갈록 사전을 들고 한국어에서 영어로 영어에서 따갈록으로 바꾸어 가며 대화를 하게 되었다.
문법도 맞지 않고 단어가 그때그때 쓰는 단어인지도 모르지만 하나님께서 주신 자신감이 있었기 때문에 항상 자신감 있게 그들과 대면할 수 있었다.
음식과 언어의 벽을 간당간당하게 넘을 무렵 한 가지 느낀 것이 있다. 내가 처한 곳에서 그 처한 사람이 되면 된다는 사실이다. 필리핀 음식 앞에선 그 음식을

어릴 적부터 먹으며 자란 필리핀 사람이 되면 된다. 이런 마인드를 가진 후
부터는 무엇이든 두려움 없이 하게 되었다.

땅오스의 좁은 골목길에 비가 올 때면 땅바닥에 시커먼 시궁창 물이 고인다.
대부분의 사람들은 조심조심 또는 지나가지 않을 것이다. 나는 이미 이곳에서
살던 사람이다, 라는 마인드를 가진 후 부터는 땅오스 사람들 못지않게
자연스럽게 다니게 되었다. 이것은 하나님께서 이곳 삶에 빠르게 발 딛게
하시려고 주신 마음이라 믿고 또 너무나 감사하다.
또 한 가지, 나에게는, 이왕에 할 거면, 이라는 생각이 있다. 이왕에 할 거면
열심히, 이왕에 살 거면 좋은 거, 이 '이왕에' 라는 생각이 내 삶을 열심히 살게
만든다.
정말 힘들고 지쳤을 때 내가 해야만 하는 일이 있다면 처음에는 하기 싫은
마음이 가득하다. 그렇지만 맞딱 들이고 이왕에 해야 할 거면 제대로 해놓자
하는 마음을 갖고 한다면 하나님께서 능히 해결할 능력을 주셨기에 부족함 없이
해낼 수 있었다.
이런 마음을 가진다면 어느 곳에 가더라도 어렵지 않게 적응 할 수 있을 것이다.

필리핀에서 생활을 하면서 힘들지만 좋았던 것은 예배였다. 필리핀 예배를 드리며
처음에는 신기하기도 하고 재밌었지만 오랜 시간이 지나고 보니 마음에
갈급함이 생기게 되었다. 알아들을 수 없는 말씀 찬양..
영적 전쟁에서 깨어 있으려면 이 갈급함을 채워야 했기에
혼자 있을 때, 한국찬양을 부르기도 하고 말씀을 읽기도 했다.
하나님과 나 단둘의 시간에 하나님께서 주시는 음성은 날 지혜롭게도 하고
강하게도 만들었다.

그러면서 조금씩, 조금씩 내 자신이 하나님 앞에 바로 세워져 나가는 모습을
보았다. 아직은 바르게 서려면 먼 길을 가야하지만 멈춰있던 내 모습이 조금씩
하나님께 가고 있음을 느꼈다.
- 내 길을 열어주시는 하나님!
- 내 앞에 장애물을 치워주시는 하나님!
한국 땅으로 돌아가야 할 날이 얼마 남지 않았을 때, 학교 친구들과 자주는
아니지만 가끔씩 전화 통화를 하게 되었다. 그러면서 듣는 말이 학교가 망해
간다는 말이었다. 같은 학번 남자애들이 군대로 나가고 또 악기를 치기 싫다고
학교를 나가는 사람, 그 안에서 벌어지는 다툼..
일단 내 학번이 주저앉아 있었다.그와 동시에 학과장님과 총장님의 사이가
좋지 않아 학과장님이 다른 학교로 가시게 되고, 학생들도 학과장님을 따라 그
학교로 가게 된다고 들었다. 그러면서 학교 안에서 실용음악과가 없어진다는
말을 들었다.
이 말을 들으면서,
와…. 하나님께서 가라 하시는 길로 갔더니 이렇게 바뀌는구나…
내가 내려놓고 싶지 않은 것 내 욕심… 그것을 내려놓고 정말 가고 싶지 않았던.
사람의 눈으로 보았을 때 고생길…
하나님께서 가라고 하시는 길로 갔더니 장애물을 피하고 시원한 물을 마시며
다음 갈 길을 준비하게 되는구나..
만약에 내가 그 욕심을 잡고 그 자리에 있었으면 나는 아무 갈피를 못 잡고
방황하는 인생을 살고 있었을 텐데…
앞으로 나아갈 디딤돌조차 찾지 못하고 있었을 텐데…
하나님의 섭리를 다시 한번 되새기게 되었다.
이제, 한국 땅으로 돌아간다. 얼마 전 까지만 해도 마음에는 복잡한 생각이

가득할 뿐이었다. 한국에 돌아가서 무얼 해야 하지… 무언가 시작해야 할 텐데..
이런 부담을 갖고 있었다. 그러나 하나님께 나의 앞길을 맡긴 지금, 내 마음에
는 어떠한 부담감도 없다.
누군가 나에게, 한국에 가서 뭐할 거니?, 라고 물어도, 나는 몰라요, 이렇게
대답한다.
나는 그저 하나님께서 인도하시는 길로 따라 갈 것이기 때문이다.
내가 정말 하고 싶은 것이 있어도 내 마음대로 내 뜻대로 내 앞길을 정하지 않을
것이다. 이미 하나님께서 태초에 날 태중에 짓기 전부터 날 아셨고 날 향한
계획이 있으셨기에 그 계획대로 이루어지게 하나님께서 가라면 가고 서라면
서는 순종의 사람이 될 것이다.
그저 그때, 그때 말씀하시는 말씀을 의지하며 살아 갈 것이다.
난 세상에 와서 하나님과 함께 하늘나라 갈 것을 기다리는 나그네이기에 어떠한
욕심도 잡지 않을 것이다.

## 선교도우미 송은혜 간사의 간증

저는 여러 번의 단기 선교여행과 개인적인 여행으로 필리핀을 방문한 경험을 갖고 있었습니다. 매번 그 나라를 갈 때마다 공항에 도착해서 느껴지는 후덥지근한 기온이 낯설지가 않았고 수많은 인파들이 친근하게 느껴졌었습니다.

무엇보다 한국을 잠시 떠나 낯선 곳에서 정해진 시간 동안에 생활을 한다는 것은 흥분되고 즐거운 일이였습니다. 한국의 일상으로 돌아올 수 있다는 것은 잠시 동안의 불편함을 넉넉히 이겨낼 수 있게 해주었습니다.

2013년 10월, 선교간사로서 필리핀 땅을 밟았을 때는 이전과 달리 그 땅이 낯설었습니다. 서른넷이라는 나이에 선교를 가기 위해 한국에서 하던 일을 정리했습니다. 이때가 아니면 하나님을 향한 모험을 할 수가 없을 것 같아 필리핀 선교를 결심했었습니다.

선교를 결심하고 준비하는 동안 예기치 못했던 어머니의 발목 수술로 인해 마음이 어려웠습니다. 수술로 인해서 두 발로 걷기 불편하신 어머니를 두고 떠나야 했기에 필리핀으로 향하는 비행기에서 많은 눈물을 흘렸습니다. 어머니에게 제 도움이 절실한 그때, 선교지로 가야만 했기에 가슴이 너무나 먹먹했었습니다. 또한 언제 한국으로 돌아올지를 생각하지 않고 도착한 필리핀은 두렵기도 했습니다. 이렇게 낯설고 두려움으로 필리핀에서의 삶은 시작되었습니다. 하지만 2016년 2월 그곳을 떠나 한국으로 돌아올 때의 마음은 선교지에 대한 감사와 필리핀을 떠나야 한다는 아쉬움이 가득 했었습니다.

2년이 넘는 선교지에서의 삶을 돌아봤을 때, 놀라운 하나님의 은혜가 있었습니다. 특히 하나님께서 나를 만지시고 그분의 사랑을 느끼게 해주신 시간은 선교사 후보생 사역이었습니다. 현지인들 중 선교사로 헌신한 사람들이 3개월 동안 합숙하며 훈련을 받는 사역에 제가 한국인 스텝으로 함께 했었습니다. 마닐라 외곽에 있는 선교센터에서 현지인들과만 지내야 하는 시간이었습니다. 그들과 함께 하며 내가 이방인으로 그곳에 있다는 것을 절실하게 느끼기도 했습니다.
그 기간 동안 의지할 대상이 없었기에 하나님 앞으로 나아갔고,, 그때마다 하나님은 놀라운 은혜로 절 만져주셨습니다. 하나님과 말씀으로 기도로 깊은 교제의 시간을 보내는 경험을 하게 하셨습니다. 또한 그들과 함께 살면서 내가 얼마나 편협하고 이기적인 사람인지 나 자신을 돌아보는 시간이기도 했습니다. 훈련사역을 마치고 마닐라에서 학교사역과 교회사역을 통해서는 현지인들에게 많은 사랑을 받았습니다. 가난하고 어려운 형편이지만 적은 것이라도 한국인 사역자들과 나누려는 교인들의 모습을 통해 나눔을 배우기도 했습니다. 언제나 먼저 다가와서 환하게 인사하고 격려해주는 그들의 모습에서 마음의 부요함을 배웠습니다.
선교사님께로부터 이런 이야기를 들었던 것이 기억이 납니다. 선교지에 올 때 사람들은 본인들이 많은 것을 선교지에 해줄 수 있다는 생각으로 오지만, 결국 그들은 주기보다는 훨씬 더 많은 것을 받아간다. 이것이 선교지에서의 은혜이다.

저 역시 이 말씀에 전적으로 동의를 합니다. 부끄럽지만 저 또한 이러한 생각으로 필리핀 선교지를 밟았던 것 같습니다. 내가 희생을 하러 이곳에 왔다 내가 가진 무엇인가를 주려고 왔다는 생각을 했었습니다. 이런 교만한 생각으로 그들의 신앙생활을 내 잣대에 들이대며 판단하는 잘못을 저지르기도 했습니다. 하지만 그들은 늘 넉넉히 사랑을 베풀며 아무런 조건 없이 나를 위해 기도해 주는 귀한 동역자들이었습니다.

선교지에서 한국으로 돌아온 지 6년이라는 시간이 흘렀습니다. 그러나 필리핀은 제 마음에 벧엘과 같은 장소입니다. 그곳은 제가 하나님을 깊이 만났던 장소이자 하나님의 사람들을 통해 그분의 사랑을 듬뿍 받았던 곳입니다. 한국에서 일상을 살아가며 크고 작은 문제에 부딪힐 때마다 선교지에서 제게 일하셨던 하나님을 기억하려 합니다. 그리고 오늘도 여전히 그때와 동일하게 일하실 하나님에 대한 믿음을 굳게 붙잡으려 합니다.
만약 제게 선교지에서의 삶이 없었더라면, 전 여전히 고집스럽고 이기적인 종교인이었을 겁니다. 그렇기에 이러한 시간과 경험을 허락하신 하나님께 감사를 드립니다. 또한 2년이 조금 넘는 짧은 시간을 선교지에서 보냈지만, 그 시간을 귀히 보시고 선교 이후의 삶을 넉넉히 갚아주셔서, 지금의 풍성한 삶을 살아가게 하시는 하나님께 감사와 영광을 돌립니다.

# 선교사를 위한 기도

**주님**, 선교사로 나가기 전에 꽃다발을 받지 않도록 도와주옵소서. 되도록이면 많은 격려도 받지 않도록 해 주시옵소서. 꽃은 시들기 마련이고, 격려도 차츰 기억에서 희미해지기 마련입니다. 외로움에 익숙해져야 하니까요.

주님, 선교지로 나가기 전에 맛있는 음식을 너무 먹지 않고 싶습니다. 화려한 음식점에도 가고 싶지 않습니다. 그곳에는 그런 화려함도 없고 또 굶주림의 고통도 배워야 하니까요.

주님, 주님이 주신 영혼들을 만나기전 너무 많은 대화를 하고 싶지 않습니다. 제가 아무리 지금처럼 말을 잘해도 그들은 제 말을 못 알아들으니까요. 침묵과 묵상의 훈련이 되어야 하겠습니다.

주님, 아무도 몰라 주어도 내 것을 포기하고 주님만을 묵상하도록 도와주옵소서. 나는 주님이 보내신 작은 종이니까요.
그 안에서만 살고 싶습니다.

## 새해에 드리는 기도

　　　**매년** 똑같은 일이 재현되고 있습니다. 새해를 맞는 필리핀은 정말 요란합니다. 12월 31일 초저녁부터 시작한 폭죽은 밤 11시를 넘기면서 부터 상상 이상의 장면들을 펼쳐 냅니다. 감히 12시 송구영신 예배는 엄두도 못 내고 조금 이른 9시에 예배를 마쳤습니다.
사방에서 터지는 폭죽과 자동차 타이어를 태우는 바람에 온천지는 검은 연기로 가득하고 폭죽 소리에 놀란 강아지들은 침을 흘릴 정도로 흥분하고 놀라기도 합니다.
올해 1월 1일 새벽에 일어나 첫 해돋이를 보려고 생각했지만 매운 화약 냄새와 연기로 2~30m도 제대로 볼수 없어 코를 움켜쥐고 동쪽을 향해 소리 내서 기도해 보았습니다. 매년 되풀이 되는 장면입니다.

하나님은 시간을 만드시고 사람은 시계를 만들었는데…
우리는 시간을 보는 것이 아니고 시계만 쳐다보고 사는 건 아닌가 하는 생각이 문득 머릿속을 스쳤습니다.
새해에는 시계를 보고 초조하거나 쫓기고 허둥되는 것이 아니라 하나님께서 만드신 시간, 때를 기다리며 여유 있게 모든 이들을 사랑하며 살고 싶습니다.

# 개똥

　오늘 길을 가다가 개똥을 밟았습니다. 개똥을 밟았다는 것이 느껴지는 순간에 더러움과 당황스러움에 조금은 과장된 모습으로 신발을 털고 있었습니다.
사실 여기에서 개똥을 밟은 것은 처음이 아니었습니다. 땅오스 골목 모퉁이에서는 가난한 사람들이 어울려 살아가는 골목의 길바닥 여기저기에 개똥이 널려있는 것을 보는 게 자연스럽습니다. 그런데 멀지 않은 곳에서 누군가 나를 바라보고 있는 듯한 느낌이 들어 고개를 돌려 그곳을 쳐다보니 다섯 살쯤 되어 보이는 작은 꼬마가 저의 그런 모습을 물끄러미 바라보고 있었습니다. 조금도 요동하지 않고 말입니다. 그때, 그 아이는 맨발이었습니다. 순간 부끄러움과 미안함에 나 또한 얼어붙은 듯 그곳에 서서 그 아이를 바라보다가 아이에게 다가가 이렇게 말했습니다.
"꼬마야, 미안하구나."(Anak, pasensya kana)
아무렇지도 않은 듯이 살짝 웃는 아이의 얼굴에서는 나를 이해하고, 용서한다고 말을 하는 것처럼 표정을 보았습니다. 마치 예수님처럼 십 수 년 동안을 빈민을 위해 사역했다고 하는 선교사에게도 아직은 맨발로 개똥을 밟을 용기는 없습니다. 그들의 친구가 되기 위해서 과감히 운동화를 벗어 본적도 없었습니다. 단지 순간 순간 '미안하다'는 말로 얼버무리긴 했어도....
아이의 어깨를 잡고 있던 손을 아이의 발로 내려 그 발바닥을 한번 쓰다듬어
털어 주었습니다.
제가 어렸을 때 저의 아버님이 해주셨던 것처럼....
부끄러운 선교사는 입술을 깨물고 눈물을 참았습니다.
예수님의 발을 눈물로 적시고 머리카락으로 닦아내며 울던 어떤 여인이
생각났기 때문이었습니다.
오늘, 저는 개똥 때문에 은혜를 받았습니다. 집으로 돌아오는 길에 길옆에 있던
오래된 개똥을 한번 살짝 밟아 보았지요.
아마도 개똥을 밟고 기분 좋은 날은 오늘이 처음인 것 같습니다.
- 예수님, 감사합니다.

## 하늘에 떠오른 달을 보며

**금요일의** 늦은 밤이라기보다는 토요일의 이른 새벽이라고 하고 싶습니다. 여기가 필리핀이란 것을 잠시 잊은 채 창밖이 순간 차갑게 느껴지는 착각을 했습니다. 너무 조용해서였을까... 내일 모레가 추석이군요. 이곳에서는 별 의미 없이 그냥 평범한 한날이 되겠지만 달력의 붉은색이 눈에 들어옵니다. 그런데 밖에 보이는 달이 이제 갓 반달을 지난 것 같이 보였습니다. 순간 내일 모레까지 저 달이 꽉 차지 않으면 어찌하나 하는 참 어리석은 생각을 해 보았습니다. 지금까지 저는 그런 식으로 살아왔습니다.
달을 창조하신 하나님께서 계시기에 분명 저 달은 둥그렇게 변할텐데 나를 붙잡고 계신 그분이 분명히 계신데도 저는 의심하며 불안하게 살았던 적이 여러 번이었습니다. 달을 보며 이런 생각을 해 봅니다.
"저 달이 보름달이 된다면 하나님이 나를 사랑하신다는 약속일거야."
저는 아주 아주 확신 합니다. 지금은 조금 찌그러진 저 새벽달이 틀림없이 완전히 둥그렇게 될 겁니다. 하나님께서 나를 사랑하시기에...

## 밥 얻어먹고 기분 좋은 날

조금은 컴컴한 예배당에서 의자에 앉아 심방일지를 정리하고 있을 때였습니다. 햇빛이 들어오는 유일한 출입문 쪽으로 들어오는 낯익은 걸음걸이의 한사람, 집주인 마밍 할머니였습니다. 땅오스의 토박이이며 욕쟁이 할머니입니다.
언젠가 주일 설교 시간에 깊게 파인 얼굴에 난 주름이 무거운 듯 눈을 아래로 깔고 말씀을 듣고 있던 할머니가 느닷없이 벌떡 일어나 밖으로 나가는 것이었습니다. 그녀는 교회 밖에서 시끄럽게 놀고 있던 대여섯 명의 아이들을 향해 듣기에도 민망한 욕을 퍼붓고 자신이 신고 있던 '치넬라스'(쪼리)를 냅다 집어 던졌습니다. 앉아 있던 다른 교인들은 키득거렸고 잠시 후에 돌아와 자리에 앉는 마밍 할머니는 나를 향해 씨익 웃었습니다.
'다 쫓았으니 안심하고 설교 하시오' 라는 표정으로. 예배가 끝난 후 그 할머니가 무언가 들고 저와 아내가 있는 쪽으로 걸어오는 것이었습니다. 조금은 부끄러운 듯 내미는 손에는 두 명이 먹는다면 조금 부족한 듯한 밥 한 접시와 처음 보는 반찬 한 종지, 그리고 수저 두 개가 들려 있었습니다. 순간, 당황한 모습으로 앉아 있는 저희를 향해 맛있게 먹었으면 좋겠다고 하며 그 검은 얼굴이 붉게 물들 정도로 부끄러워했습니다. 이게 웬 횡재인가....

대충대충(?) 기도를 마치고 우리 부부는 게걸스럽게 먹어 치웠습니다.
무슨 맛인지.... 재료가 뭔지.... 위생은 괜찮은지.... 그런 것들은 상관할 여유가
없었습니다. 열심히 움직이는 입술만큼 머리 속은 기분 좋은 생각으로 팽팽
돌고 있었습니다.
밥을 먹다가도 우리가 지나가면 밥 그릇을 얼른 숨기던 사람들...
물 한 모금을 얻어먹자고 해도 컵에서 비린내 난다고 꺼려하던 사람들...
그들 중의 한사람이 저희에게 음식을 대접했습니다.
손잡이가 부러진 유리컵에 엄지손가락 살짝 담궈 가져온 물을 코로 숨 쉬지
않고 단숨에 들이켰습니다. 그리곤 이렇게 외쳤습니다.
"앙 싸랍"(정말 맛있네요) 욕쟁이 할멈의 굵은 입술이 조금 벌어져 웃을 때,
그의 마음이 열리는 틈새를 보았습니다. 얻어먹어서 기분이 좋은 날입니다.
다음에는 김치 한 종지 싸가지고 가서 할머니의 방에서 한판 벌리렵니다.
그리고 인생을, 삶을 이야기 할 겁니다. 그리고 예수님에 대해서도...아직도
배가 든든합니다. 역시 공짜는 맛이 있습니다.

## 새해를 앞두고

선교지에서는 12월 31일에도 사역으로 분주했습니다. 지금부터 정확히 세 시간 후에는 (한국에서는 두 시간 후이겠는데) 새해를 맞이합니다. 와달라고 부탁하지 않아도 가지 말라고 떠밀지 않아도 어김없이 가고 오는 연말연시를 이곳 필리핀에서 또 한번 보내게 되었습니다.
한국에서 지금 눈이 굉장히 많이 온다고 하는데 이곳은 거의 보름달에 가까운 달이 창문 밖에서 이 땅을 내려다보고 있습니다. 그런데 지금 이곳은 뒤죽박죽(?)입니다. 해마다 12월 31일 이면 이곳 사람들은 폭죽을 터뜨립니다. 언제부터 시작이 된 지는 모르겠지만 신년을 맞는 폭죽은 이곳 사람들에게 잔치가 되고 있습니다. 가슴을 철렁하게 만드는 폭죽소리, 놀라 짖는 개들의 울부짖음, 성당의 스피커에서 울려 퍼지는 알아들을 수 없는 소리들, 거기에다 딸 예선이가 틀어 놓은 TV 소리와 덜덜 거리며 돌아가는 선풍기소리.... 이렇게 새해를 맞는 것이 벌써 13번째가 되었습니다. 그러다보니 고요한 가운데 드리던 한국에서의 송구영신 예배가 그리워질 때가 많습니다.
이곳에서는 예배는 엄두도 못 내고 행여나 잘못 튄 폭죽이 집안으로 날아올까, 무턱대고 쏴댄 총알이 하늘에서 떨어질까... 적어도 내일 새벽 1시까지는 긴장의 연속입니다 그래도 몇 해 전부터였을까요. 이런 소란 속에서도 주님을 발견할 수 있었습니다. 그래서 폭죽연기와 타이어 타는 연기가 온 세상을 덮어도 그 연기 틈새로 보이는 하나님의 영광도 보았습니다. 내년은 저의 생애에 커다란 변화가 있을 것 같습니다. 조금 전에 하얀 종이 한 장을 책상에 올려놓고 이렇게 기도했습니다.

"주님, 내년에 제가 꼭 지켜야 할 것은 어떤 것일까요?"

저의 마음에 이런 음성이 들려왔습니다: "하나님을 사랑하라, 네 이웃을 사랑하라. 내가 한 것처럼"

저는 이 한 가지만을 지키기에도 내년 한 해 동안에 참으로 헐떡거릴 것 같습니다. 올해가 지나가고 있습니다. 정확히 1년 전 오늘, 종이 한 장을 빽빽이 채웠던 주님과의 약속이 참으로 부끄럽습니다. 내년에 이것만 지키도록 하겠습니다. 하나님을 사랑하고, 이웃을 사랑하겠습니다. 가슴이 벅차옵니다. 아직은 세 시간이 남았지만 지금 고백하고 싶습니다.

- 하나님, 정말 사랑합니다. 그리고 한 해 동안 저와 함께 해주신 여러분 정말 사랑합니다. 정말, 정말....

## 무릎을 꿇고 사는 인생

**몸에** 병이 났습니다. 몸살이 나서 온몸이 두들겨 맞은 것 같고
관절마다 열이 나며 아파오는데 정말 미칠 것 같았습니다.
간신히 운전대를 잡았지만 정신이 희미했고, 페달을 밟고 있는 다리는 무엇을
밟았는지 모를 정도였으니까요. 어길 수 없는 약속 때문에 밖으로 나오기는
했지만 후회와 짜증이 가득하였습니다.

약속 장소로 가느라고 육교를 건너다 평소에 자주 마주쳐 보던 구걸하는
할아버지를 만났습니다. 그다지 큰 액수는 아니었지만 할아버지를 볼 때마다
동전 몇 개를 꺼내 앞에 놓인 찌그러진 깡통에다 꼭 넣어드렸습니다.
나를 알아보고 밝은 얼굴로 바라보는 할아버지의 눈과 마주쳤고 생각 없이
주머니에 손을 넣었습니다. 대충 만져지는 동전 몇 닢을 잡고 그 할아버지
앞에서 동전을 넣어주려고 허리를 구푸리는데 다리가 힘없이 꺾이면서
그냥 그 자리에 무릎을 꿇고 말았습니다.

나도 놀랐지만 더더욱 당황한건 그 할아버지. 일어나고 싶어도 일어날 힘이
없고 잠시 그렇게 있는 사이에 당황한 할아버지가 그 마른 무릎을 꺾어 같이

무릎을 꿇으셨습니다.
대낮에 빠롱(필리핀 최고 정장) 입은 신사(?)와 육교 위의 거렁뱅이 할아버지가 마주 앉아 무릎을 꿇고 있는 모습. 아아….
겁먹은 듯이 보이기까지 하는 할아버지의 어깨에 의지하여 간신히 일어나 그분과 처음으로 악수를 해보았습니다. 지금까지 수없이 동전을 건넸건만 한 번도 손을 잡아본 적이 없었음이 깨달아지는 순간이었습니다.

가진 자처럼, 어쩌면 주인이 된 것처럼… 그렇게 동전을 건넸던 순간들이 스쳐 지나갑니다. 주님처럼 가난한 자에게 친구되어 섬기겠다고 다짐했었는데… 쑥스러운 웃음을 지으며 육교를 돌아 내려올 때 비로소 주님이 저의 무릎을 쳐서 꺾으신 것임을 알았습니다.

- 주님이시라면 나처럼 그렇게 동전을 건네셨었을까…그래서….

육교를 내려와 돌아보니 아직도 높은 난간에 작은 키를 매단 채 쳐다보고 있는 그 할아버지의 얼굴에서 교만했던 나를 꺾으신 주님의 마음을 읽습니다.

구푸려 나사로의 무덤을 들여다보시던 주님, 그분처럼 무릎 꿇고 살 것을 다시 한번 다짐해 봅니다.

## 유효기간

**아침에,** 현지 사역자 한 분이 전화를 주셨습니다. 지난달에 제가 나눠준 비타민이 유효기간이 2년이나 지난 것인데 먹어도 되냐고…
너무나 당황스러웠습니다. 기다리라는 말과 함께 제가 먹던 약도 뒤집어 보니 제 것은 그래도 유효기간이 1년 반밖에 지나지 않은 양호한(?) 것이었습니다.

- 지금까지 모르고 그냥 먹고 있었는데.

지난번에 한국 방문 때 처음 만난 어떤 집사님께서 한 가방 싸주신 영양제.
너무나 감사하고 기쁜 마음에 부모님도 한 통, 아내도 한 통, 아이들도 자랑스럽게 한 통씩 안겨주고 나머지를 현지 목사님들과 나누었습니다.

차마 "믿음으로 먹으라"는 말은 못하였습니다. 그냥 버리라고 했습니다.
미안하다는 말과 함께……
전화를 끊고 나서 기분이 상하려고 하는 마음을 기도로 억누르며 그 집사님도 모르고 주셨을 거라고 스스로 위로해 보지만 믿음이 약해서 그런지 이제까지 먹었던 비타민을 쓰레기통에 넣어 버렸습니다.

본인께서 드시던 것을 주신다고 하셨는데……
제발 그분도 모르고 주셨기를 소망해 봅니다.
오늘 전화를 준 이곳 사역자가 마음에 상처로 남지 않았으면 좋겠습니다.

갑자기 더 더워지는 것 같습니다.

하나님의 손끝이
가리키는 그곳

린다 자매의 눈물
자격 미달
땀 냄새
추석 선물
어느덧
회개가 필요한 선교사
못과 망치
시원한 온풍기
성탄절 전후(前後)
앨범
정을 주고 가는 그들
아바 아버지의 눈물
선교사의 아버지
예선이의 선교 기행문
어미 닭과 다섯 병아리
예람이의 눈물
선교도우미 한준수 간사의 간증
선교도우미 김재신 간사의 간증
아주 기쁜 날
죽 한 그릇을 위한 기도
피 흘리는 그 녀석 때문에
탈옥수, 출옥수
진짜 갑부들의 추수감사 헌금

# 린다 자매의 눈물

**필리핀** 교회의 예배 때는 한 주간 동안 겪은 하나님의 은혜에 감사하는 간증 시간이 있습니다. 오늘 홀리 그레이스 교회에서 예배를 드리는데 사회를 보시던 린다 자매가 간증을 하였습니다.
지금까지 그토록 완강히 교회를 적대하고 핍박에 가까운 반대를 하던 남편에 대한 이야기를 하면서 눈물을 흘렸습니다.
교회에 대한 말이라면 집안에서 꺼내지도 못하게 하던 남편이 이런 말을 하더랍니다. 교회에 선교사가 있다든데 자신의 생일에 초대했으면 한다고. 그리고 한번 예수님에 대한 말씀을 들어보았으면 좋겠다고요. 조금은 부끄러운 듯이 간증하는 린다는 들떠있는 듯했습니다.

간증하던 린다 자매는 눈물을 흘리고 만 것입니다. 저도 기뻤습니다.
마 11:28- 30의 말씀으로 설교를 하면서 마음속으로 계속 린다 자매를 위해 기도했습니다.
주님께서 남편의 마음속으로 들어가셨을 때 정말 마음껏 펑펑 울 수 있게 되기를 바라면서요.

별것 아닌 선교사 때문에 흘린 오늘의 눈물이 왕 되신 예수님을 만났을 때 정말 눈물다운 눈물을 흘릴 수 있게 되기를 기도했습니다.

# 자격미달

"하늘에 별이 있고 들에 풀이 있고 사람의 마음에 사랑이 있으면 그 세상은 아름답다."
독일의 시인이 이렇게 말한 것이 기억났습니다.
예수님께서도 십자가 위에서 까지 사랑을 실천하셨지요.
그래서 저도 종종 이렇게 기도했습니다.

- 예수님처럼 사랑하자.

그런데 저는 지금 참 마음에 아픔과 부끄러움을 느낍니다. 오늘 낮에 필리핀 현지 전도사를 만났는데 그분이 선교부의 중요한 일을 미루다가 결국 작지 않은 문제를 만들었고 그 문제를 해결하기 위해서 막대한 재정적 손실을 감수 해야하는 결과를 보았습니다.
내 마음에 그에 대한 미움이 생겼습니다. 꾸중도 하고 결국 말하지 말았어야 하는 지난날의 실수까지 들춰내는 커다란 잘못을 저지르고 말았습니다.
그는 눈물을 보이며 용서를 빌었지만 조금 전까지만 해도 저는 마음속으로 용서를 못했었습니다. 책임을 묻는다고까지 했던 말이 아직도 뇌리 속에서 시끄럽게 맴돌고 있습니다.

사실은 평소에도 소심하고 말이 없는 그는 지금까지도 괴로워하고 있을 것 같았습니다.

전화도 없는 그의 집, 그래서 차의 열쇠를 만지작거리면서도 그냥 앉아 있는 내 모습이 강의실에서 낙제점수 받고 안절부절 못하는 못난 학생처럼 느껴집니다.

저는 아직도 자격 미달인 선교사인가 봅니다.

창밖에 별이 보입니다. 창문 밖으로 새어 나간 희미한 불빛에 투박스럽지만 생명을 간직한 바나나 꽃도 담 너머로 보이는군요.

제 마음에 사랑만 있다면.... 이 밤도 참으로 아름다운 밤이 될 텐데.

예수님처럼 사랑하기를 약속한 기도처럼 그 전도사님의 집에 가렵니다. 미안하다고 말하겠습니다. 그리고 위로를 하렵니다. 해결책도 다시 연구해 보아야겠습니다. 해는 이미 지고 어둡지만 화해의 악수를 하고 와야만 될 것 같습니다.

늦었지만 조금 자격은 미달되지만 낙제는 하지 말아야 할 것 같아서요.

주님 앞에서..

# 땀 냄새

주일 아침부터 이상하던 몸이 월요일 아침부터 몸이 무너지는 듯한 느낌이었습니다. 이러다 말겠지 하는 마음에 어제는 예정된 선교지 순방을 시작했습니다. 아침에 운전대에 앉을 때부터 핸들이 조금 찌그러져 보였지만 괜찮겠지 했습니다.

빰빵가에 있는 사역자들을 만나 상담을 하고 기도하며 내년도의 사역계획에 대해 나눔을 가지는데 몸이 뒤틀렸습니다. 말을 하는데 자꾸 꼬이는 혀를 바로 잡으려고 몇번이나 헛기침을 하기도 했습니다.

모래알 같이 느껴지는 밥을 몇 수저 뜨고 사빵 빨라이로 차를 모는데 눈앞이 뿌옇게 보였습니다. 결국 고속도로를 포기하고 좁은 국도를 따라 천천히 차를 몰았지요. 두 시간 거리가 이틀보다 길게 느껴지고 에어콘을 끄고서도 등줄기를 타고 내리는 한기에 식은땀은 양말까지 적셨습니다.

그곳 사역자를 위해 기도해 주는 순간까지도 이제는 어떻게 집으로 가야할까 하는 마음에 기도는 중언부언이 되어 버렸지요. 에구 미안해라~~~

기도를 마치고 벌겋게 달아 오른 제 얼굴을 보고 '보이' 목사가 걱정스러운 듯이 물었습니다. 갈 수 있겠냐고.... 고개를 끄덕이며 장난스러운듯 그에게 살짝 기대 보았습니다. 사실 서있기 힘들 정도였습니다.

그 순간 물씬 풍겨오는 그의 땀 냄새가 코와 입을 통해 얼굴 그득히 차올랐습니다. 전에도 자주 맡던 그 냄새, 때로는 역겨워 딴짓을 하며 고개를 돌리거나 숨을 쉬지 않고 웃던 때가 생각났습니다. 그런데 지금은 그 냄새가 쓰러져 가는 나에게 버팀목이 되어 주고 있었습니다.

하루 종일 빈민가의 교회를 지키던 그에게서 나는 냄새, 에어콘 차를 타고 다닌 나에게서는 좀처럼 나지 않는 그런 냄새였습니다. 걱정스러운 듯 내 어깨를 보듬어 주던 그에게서 묻은 냄새가 주님께서 십자가를 지고 가시며 풍기셨던 그 냄새 같았습니다. 집으로 돌아오는 차 안에서 자꾸 눈물이 났습니다.

오늘은 하루 종일 이불을 쓰고 누워 온몸에 땀을 흠뻑 흘리고 났더니 몸이 가벼워졌습니다.
학교에서 돌아온 막내를 안아주니 갑자기 저를 밀치며 "아~~빠, 으아아악... 땀 냄새..."
얼른 옷을 끌어 맡아보니 어제의 그 땀냄새가 납니다. 머리속이 맑아지는 듯 했습니다 ^&^

땀 냄새... 사람에게서만 맡을 수 있는 향기가 아닐까요? 내일은 비뚱올의 사역자를 만납니다. 그에게서 맡을 땀 냄새가 기대가 됩니다. 저도 오늘 벗어 놓은 땀 냄새 나는 옷을 다시 입고 갈까 합니다. 땀 흘리는 우리 사역자들을 사랑해 주십시오.

# 추석 선물

**예전에는** 달력을 보지 않아서 추석도 모르고 지나칠 때도
있었습니다. 그러나 지금은 컴퓨터만 켜면 금방금방 알 수 있습니다.
고국은 추석인데 추석보다 필리핀의 공휴일에 더 관심이 많은 우리 아이들을
보면 조금 안타깝기도 합니다.

어릴 때 생각이 많이 납니다. 향긋한 냄새의 솔잎이 붙은 송편접시를 앞에 놓고
깨가 들어있는 송편을 찾아 맞추던 생각이 납니다.
저희 아이들 크면 그런 추억이 남아 있을지…
한국에 계신 할아버지, 할머니께 전화 한통 드리는 것이 추석명절의 추억이
되지 않을지 조금은 염려가 됩니다. 그래서 아이들에게 추석빔이라도 한 벌
해줄까 합니다.^^

이번 추석에는 땅오스 주민들께 추석 선물을 한 아름 안겨드릴 수 있게
되었습니다. 지난 월요일에 저희 땅오스에 정식 치과와 함께 교회 안에 작은
공부방을 개원했습니다.

필리핀 치과 의사 Liza(리자)께서 매일 출근하여 환자들을 진료하고 있습니다. 오랫동안 기도하던 사역을 드디어 하나님께서 허락해 주셨습니다. 치과는 일반 여느 치과 못지않은 좋은 실내 분위기와 고급 장비를 갖추고 발치는 물론 신경치료와 틀니까지 가능해졌습니다. 나보타스 시에서 두 번째로 좋은 치과라고 합니다.

집에 가면 앉아 있을 공간도 부족해 학생들이 거리에서 대부분의 시간들을 보내고 있는 실정에 15명이 앉을 책상이 준비된 공부방은 아늑함과 편안함속에 공부할 공간이 되었습니다. 3대의 컴퓨터와 프린터를 갖춘 공부방은 독서실이 생소한 이곳에 하나의 명소가 되어 구경꾼처럼 오고가는 사람들이 흘끗거리며 지나갑니다.

가난한 사람들을 향한 하나님의 사랑을 구체적으로 전할 수 있는 이 사역이 제가 평생 받아본 추석 선물 중에 가장 크고 가슴 설레는 선물입니다.

# 어느덧

**우리가** 살고 있는 선교센터가 있는 곳은 번잡한 마닐라에서 만나 보기 힘든 조용한 전원도시(?) 분위기가 납니다.
아직은 개발이 많이 되지 않았고 이제 겨우 집하나 장만한 사람들이 드문드문 살기에 곳곳에는 아직도 빈 땅이 많고 저녁만 되면 반딧불이 천장을 날아다니며 비만 오면 온통 개구리들의 장난터가 되어버리는 그런 동네입니다.

아침에 창 너머로 해 뜨는 것을 바라보며 묵상하기 좋은 집, 오후엔 붉게 물든 서쪽하늘을 바라보며 인생을 생각해 보게 하는 목이 좋은(?) 동네입니다.

현지에 계신 집사님이 오셔서는 마닐라 내에 자리 잡은 무슨 수도원 같다고 하시던 때도 있었습니다. 그 흔한 쇼핑몰에 한번 가려고 해도 쉽지 않고 저녁 8시만 되면 대중교통으론 들어 올 수 없는 이상한 동네.

그래도 저는 이곳이 좋습니다. 나무가 군데군데 있어서 좋고 흙냄새가 좋고 사람들이 좋고 그리고 조용해서 좋습니다.

그렇지만 일 년 중에 가장 소란스러운 때가 성탄절과 연말연시입니다.
지금도 어디선가에서 들리는 폭죽소리가 어둠속에서 괴성을 질러 댑니다.
마지막 날 31일에는 또 한 번 전쟁터를 경험하게 되겠지요.

처음에는 정말로 참기 힘든 소리들이었습니다. 그런데 어느새 이제는
이 폭죽 소리들이 정겹게 들려옵니다.
때로는 꾸짖는 소리 같기도 하고,
때로는 격려하라고 소리쳐 주는 것 같고,
어떤 날에는 정신 바짝 들게 똥침을 놓는 듯합니다.

어느덧 나름대로 '삐노이'가 되어가는 듯합니다.

## 회개가 필요한 선교사

**아침에** 교회로 내려가는 차에서 라디오를 틀었습니다. 그때부터 오늘 하루 종일 필리핀 방송을 가득 채운 내용이 있습니다.

지난 5월 대통령 선거 때 현 대통령과 맞서 가장 유력한 후보였던 FPJ 라고 하는 옛날 영화배우 출신 정치인이 이틀 전에 뇌졸증으로 병원에 입원했다는 소식이었습니다. 아무리 라디오의 채널을 돌려도 같은 내용이었습니다.

교회에 다녀와서 TV의 뉴스채널을 보고 있어도 전부 같은 내용과 FPJ의 사진뿐이었습니다. 그런데 TV 화면 밑에 한 줄로 지나가는 자막이 눈에 띄었습니다.

- 태풍 요용...사망 817명, 실종 746명....
- 삐콜지역 또 다른 산사태로 17명 사망, 8명 실종...
- 민다나오섬 재래시장에서 강력한 폭발, 15명 사망, 21명 중상...

눈으로 읽기에도 힘들 정도로 빠르게 지나가는 한 줄짜리 뉴스에 849명이 죽었다고 보도되었습니다. 그런데 뉴스가 끝날 때까지 의식이 없이 최고의 병원에 누워있는 한 사람의 이름만 반복되었습니다. 뉴스가 끝날 때까지 849명의 한 줄짜리 뉴스는 더 이상 다시 나오지 않았습니다.

가슴이 찢어지는 듯합니다. 사고로 죽은 849 명이 불쌍해서도 아니고,
누워있는 한 사람만을 이야기하는 그들이 미워서도 아니고....
이런 사람들을 사랑하는 것이... 너무나 힘들어서... 가슴이 아픕니다.

- 미움이 싹터서 회개가 필요한 선교사

## 못과 망치

서랍을 정리하느라 그 속에 담겨있던 망치와 못 몇 개를 꺼내 탁자 위에 올려놓았습니다. 잠깐 쉬는 동안 생각 없이 망치와 못에 고정되었던 시선에서 머릿속을 스치는 무엇인가 있었습니다. 늘 망치에게 두들겨 맞는 못, 못을 때리기 위해 존재하는 망치.
이제까지 살아오면서 저 자신은 못과 같다고 생각한 적이 많았습니다. 누군가에 항상 두들겨 맞는다고 생각했었습니다.

나를 오해한다고,
나를 모함한다고,
나를 몰라준다고,
나를 해치려한다고,
나를 무시한다고,
나를 시기한다고……그리고 주변의 사람들은 언제나 나를 괴롭게 하는 망치와 같다고 하는 그런 생각.
하지만 실제로는 내가 망치가 되어 끊임없이 많은 이들을 두들겨 주고 있었습니다. 부끄러움으로 얼굴이 붉어질 즈음 갈보리 십자가 옆에 놓였던

피 묻은 못과 망치가 흐리게 보였습니다. 못이라고 생각하며 망치처럼 살아왔던 내가 십자가 옆에 놓여있는 그 모습....주님을 죽게 했던 그 못과 망치.

용서를 빌고 싶습니다. 망치와 같은 나에게 상처를 입은 모든 분들께...,

나를 치는 망치라고 오해받았던 모든 분들께...

그리고 십자가 위에 계셨던 예수님께....

진정 용서를 빕니다.

## 시원한 온풍기

**밖에서** 누군가 부르는 캐롤 찬송이 들려옵니다. 새벽송을 도는 이웃 교회 청년들의 찬송소리랍니다. 더워서 부채를 들고 계속 손수건으로 땀을 닦으며 찬송을 부르지만 이 세상에 구원의 주님으로 오신 예수님을 찬양하는 목소리가 참으로 아름답습니다. 매년 이맘때쯤이면 많이 분주해집니다. 우리가 해야 될 일들 중에서 특별히 가난한 아이들을 위해 열리는 성탄절 파티는 매년 정기 행사가 되었습니다.

올해도 금요일에 열리는 파티를 위해 초대장을 돌렸습니다. 몇 명이 올지 모르겠군요. 작년에는 100 명이 넘는 아이들이 왔었는데.

아이들은 가장 좋은 옷을 입고 올 것입니다. 그리고 작은 만찬이지만 맛있게 먹으며 예수님 탄생에 대한 복음을 정말 진지하게 들을 것입니다. 참으로 기대가 됩니다.

올해는 예년과는 다른 일이 벌어지고 있습니다.

매년 성탄행사 때마다 재정 문제로 힘들었는데 올해는 하나님께서 준비해놓으신 돕는 손길이 보였습니다.

시청 공무원 한 분이 버스 한 대를 무료로 쓸 수 있도록 해준다고 연락을 해왔고, 이웃 동네 주민들은 아이들이 쓰지 않는 장난감을 모아 놓았다고

전화를 주었고,

한국 유학생들과 선교 후보생들이 하얀 봉투 속에 헌금을 모았노라고 가져왔습니다. 작년까지 별다른 관심을 보이지 않던 마약에 중독된 아이들의 부모들도 무언가 돕고 싶다고 수줍은 듯이 말을 하였습니다.

순간 가슴이 따듯해져 왔습니다. 35도의 뜨거운 태양 아래서 하나님 사랑의 온풍기가 틀어졌는데도 덥기는커녕 냉수를 들이킨 것처럼 속이 시원합니다. 시원한 온풍기, 신기하지요?

여러분을 향해서도 사랑의 온풍기를 틀겠습니다. 샬롬!!!!

# 성탄절 전후 前後

　　**오전에** 센터의 옥상에서 함께 사역하는 필리핀 현지 동역자와 그의 가족들 그리고 선교부 스텝들과 제법 근사한(?) 파티를 열었습니다. 성탄절 축하와 올 한 해의 사역을 마무리하고, 내년을 위한 기도회를 겸한 정말 좋은 시간이었지요.

오늘로서 우리 선교 팀의 금년도 사역은 끝났습니다. 이제는 내년 1월 11일까지 휴식을 가지며 기도하고 새해의 사역을 준비하려고 합니다.

깊은 한숨을 들이마신 듯이 긴장을 풀고 앉아 창밖을 바라보다가 문득 너무나 조용하게 어둠이 깔린 밖의 모습에 불만이 생깁니다. "왜 이리 조용하지?" "어제까지도 이러하지는 않았잖아…"

사실 이곳에의 크리스마스 시즌은 9월부터 시작합니다. 그런데 그렇게 길고 요란했던 크리스마스 분위기가 오늘 밤에는 더 이상 없습니다. 12월 25일이 지나면 항상 이렇습니다.

주님 오신 첫 번째 성탄절은 인류 구원의 시작이었고 그 다음 날에는 골고다를 향해 걸으신 첫 발자국이었을 텐데… 성탄절을 그토록 기다렸다면.

- 그날이 그토록 기쁘고 즐거웠다면, 이제는 예수님처럼 영혼 구원의 첫걸음을 거룩하게 시작해야 하지 않을까! 아마도 긴장을 풀고 앉아 있는 내 자신을

향한 불만인지도 모릅니다.

의자에서 허리를 떼고 자세를 고치고 바로 잡아 앉아 봅니다.

이 땅에 오신 예수님 생애의 첫날, 구원 여정의 첫날, 골고다를 향한 첫날, 그날 밤에도 12월 25일 만큼 거룩하고 엄숙했을 겁니다.

성탄절 행사를 마친 우리 중에 혹시 지금부터 해야 할 영혼 구원을 위한 사역을 잊고 긴장을 풀고 잠든 사람은 없을까요?

너무도 조용한 12월 26일 어둠속에서 사명을 다시 한 번 점검을 하려고 조용히 무릎을 꿇어 봅니다.

# 앨범

조금은 한가했던 오후 시간에 지나간 시간의 사진첩을 정리해 보았습니다. 많지는 않지만 필리핀에서 사역을 하며 이 땅을 섬긴 13년의 세월이 군데군데 흔적을 남긴 빛바랜 사진들이 참 감회가 깊었습니다.

생전 처음으로 안아 보았던 필리핀 고아원의 아이들,
다시 만나자고 약속했건만 이튿날 먼저 주님 품으로 가버렸던 작은 꼬마.
밤 깊은 줄 모르고 불 밝혀 외쳐대던 전도집회의 모습들,
예수님을 만났다고 기쁨의 눈물을 흘리며 제 손을 잡은 팔순 노인의 주름진 얼굴,
교회가 세워지는 기쁨에 벽돌을 어깨에 얹고도 웃음 가득했던 행복한 순간들,
누가 찍었는지는 모르지만 전도지를 나눠주는 저를 향해 침을 뱉는 그 순간도…
수많은 얼굴들이 앨범 속에서 저를 보고 웃고 있었습니다. 너무나 소중한 기억들, 사랑했던 사람들, 천국에서 꼭 만나기를 바라는 사람들입니다.
13년의 순간의 점점 들이 온몸의 숨구멍으로 스며오는 듯 했습니다.
저는 제가 강인한 사람이라고 생각했었는데 그렇지 못하더군요.
요즘 따라 왜 그리 눈물이 자주 나는지 모르겠습니다. 오늘도 앨범을 보며….

앨범의 마지막 장을 덮고 생각나는 사람들에게 전화를 걸었습니다. 아마 이상하게 생각했을지도 모르지만 갑자기 전화 걸어 옛날이야기를 늘어놓는 저를 보고 아마 이상하다고 여겼을 것입니다.

지금은 꽤나 늦었는데 잠이 오지를 않습니다. 새벽부터 긴장의 시간을 보내서 눈꺼풀이 아픈데도 잠을 잘 수 없습니다. 잠이 들면 아름다운 기억들이 모두 없어질 것 같아 주님과 단둘이 철야를 하렵니다. 지나간 이야기를 나누며 그 품에 안겨 한 번 더 울고 싶어집니다.

## 정을 주고 가는 그들....

**단기선교로** 와서 훈련을 받으며 선교경험을 나누면서 열흘 동안 함께 했던 제일신마산교회 대학부 지체들을 고국으로 돌려보냈습니다.
그들과의 헤어짐의 아픔이 조금 깊습니다. 내 생애에 처음 만난 얼굴들이었는데 내 가슴에 그토록 사랑이 빨리 물들어 버릴 줄 몰랐습니다.
안식년에서 돌아온 지 이제 한 달도 되지 않았건만 이토록 한국 사람- 고국의 사람인 그들이 좋은 이유는 무엇일까요. 아직 필리핀의 영혼을 위한 헌신이 덜 되어서 일까요?

낮에는 먹구름 가득한 하늘을 어깨에 메고 리잘주의 몬딸반에 다녀왔습니다.
빛이 바랜 양철지붕이 더덕더덕 붙어있는 실버타운(?) 한 가운데 세워지는 교회를 보기 위해서, 정직하게 말해서는 오늘 떠나보낸 그 얼굴들을 빨리 잊기 위해 필리핀 사람들을 만나러 갔었습니다.
그곳에는 쓰레기로 덮힌 산에서 재활용이 가능한 것들을 골라내어 팔아 그 돈으로 하루 하루를 살아가는 사람들이 있습니다. 가는 도중에 길옆에 조금 자란 풀숲 사이에 앉아 똥을 누고 있는 아이의 뒷모습이 보였습니다.
순간 울컥하며 눈물이 솟구쳤습니다. 아이의 검댕이 묻은 등줄기 위로 흐르고 있는 땀줄기를 바라보며 나도 모르게 눈물이 나왔습니다.

내 자리를 찾은 것 같습니다. 이제야 내가 섬겨야 할 빈민들 속에 다시 있음을 진하게 느꼈습니다. 그리고 떠난 열여섯 명의 젊은이들의 얼굴이 겹쳐져 오더군요. 맞습니다. 그들은 떠난 것이 아니라 이곳에 함께 하고 있었습니다.

마침 차 안에 있던 휴대용 휴지 한 뭉치를 들고 내려 아이의 곁에선 엄마에게 건넸습니다. 눈이 커지며 놀라는 여인의 맑은 눈 안에 16명의 얼굴들이 들어 있었습니다.

여러분 정말 사랑합니다.
고맙습니다.
여러분이 보고 싶을 땐 언제든지 만날 수 있을 것 같습니다.
우리의 사랑하는 가난한 자들의 맑은 눈을 통해서 말입니다.

# 아바 아버지의 눈물

**선교사** 아들을 응원해 주시려고 이곳에서 삼 개월을 계셨던 부모님께서 한국으로 돌아가셨습니다. 어제 79회 생신을 맞으셨던 아버님과 백발을 힘겹게 머리에 이고 다니시는 칠순이 넘으신 노모께서 작은 배낭 하나 메고 마닐라 공항 안쪽으로 건너가실 때 마음 약한 나를 확인할 수 있었습니다. 유난히 저에게 정을 많이 주셨던 아버님과 어머님, 선교사로 나온후로 한국에 비만 와도 빗길에 차 조심을 하라고 전화까지 주시던 그분들.
어제는 아버님께서 이렇게 말씀을 하셨습니다.
"이제는 내 생애에 필리핀도 마지막이 될 것 같다. 이 땅에서 소원이 있다면 너희 가족과 1년만이라도 살아 볼 수 있다면."
셀 수 없는 눈가 주름사이로 짧게 고인 눈물은 나에게 말할 수 없는 죄송스러움과 아픔을 주었습니다.
아버지로서 지극히 정상적이고 소박한 소원임에도 쓸쓸히 공항 저편으로 건너 가시는 그분과 부끄러운 듯 손을 흔드는 제가 선 사이에 주먹으로 쳐도 깰 수 없는 유리창이 가로 막고 있었습니다. 나는 품에 안은 아들에게 들키지 않으려고 눈물을 뒤로 삼켰습니다.
선교사로 어언 13년, 숨 가쁘게 달려오고 있을 때 이 땅의 아바 아버지는 수없이 눈물을 흘리셨다는 것을 확인하였습니다.
하지만 그분의 소원은 이 땅에서 이루어질 수 없을 것만 같습니다.
그래서 더 슬픈가 봅니다.
오랫동안 불러보지 못했던 '길' 이란 복음성가가 하루종일 저의 입술에서
떠나지 않았습니다. 하지만 울적한 마음을 일부러 털어버리려 노력도 하지
않았습니다.
무사히 도착했노라고 안부전화를 잊지 않으시는 아버님의 목소리가 전화기에
실려 올 때 이 땅의 아바 아버지의 눈물이 생각나서 하늘의 아바 아버지께
기도했습니다.
그분께 위로가 있기를....이 밤을 자고 나면 훌훌 털고 잊을 겁니다.
그리고 또 운전대를 잡고 둘롱 땅오스로 향하겠지요.아마도 내일은 이 땅의
아바 아버지도 하늘의 아바 아버지도 우실것 같습니다.이 아들이
대견스러워서....
그렇게 되도록 노력할 겁니다. 기도해 주십시오.
"아바 아버지여."

# 선교사의 아버지

제가 어릴 적에 일터에서 밤 늦게 돌아오신 아버님은 저와 놀아주실 때 두 발을 잡고 저의 몸을 거꾸로 드셨습니다. 그러면서 그러셨죠. "세상은 가끔 거꾸로도 봐야 한다." 그때의 아버님에 대한 기억은 근육이 단단한 팔을 갖고 계신 아주 강한 분이셨습니다. 어제가 아버님의 팔순이셨습니다. 이제 그 팔뚝은 아니시겠지요. 88년 올림픽이 있던 해의 생신 이후로는 이제까지 가까이에서 축하해 드리질 못했습니다. 사명이라는 간판을 목에 걸고 용서를 부탁드릴 때 오히려 위로하셨습니다.

다른 자녀들이 챙겨드린 용돈을 흰 봉투에 담아 인편으로 보내주기도 하셨습니다. 죄송함에 몸둘 바를 몰라 전화를 드리면, "선교헌금이야"라고 하시던 목소리가 아직 가슴속에 담겨 있습니다. 팔순을 축하하며 전화를 드릴 때 이번에는, "죄송합니다" 라고 하지 않았습니다. 대신에 "아버님 사랑합니다" 라고 했습니다. 정말 그분을 사랑합니다. 그리고 존경합니다.

아들보다는 선교사이기를 자랑스러워하시는 분. 자식을 보고 싶을 때마다 희미한 눈 비비며 성경을 쓰시며 그리움을 속으로 삼키시던 그분. 그분이 살아오신 팔십년의 생애가 있어서 이 작은 몸 기꺼이 헌신할 수 있습니다.

저는 요즘에 논문을 쓰며 세상을 다시 한 번 거꾸로 보고 있습니다.
낮은 곳부터, 아래로부터 어두운 곳에서부터 보는 그런....
이제 살아오신 날보다 사실 날이 적음을 알고 계신 그분의 하루하루가 외롭지 않으시기를 기도하고 있습니다. 이 아들이 함께 하지 못해도 말입니다.
- 아버지, 정말 당신을 사랑합니다. 어제 저녁에 우리 아이들의 발을 잡고 거꾸로 들어 주었습니다
"세상은 가끔 거꾸로도 봐야 한단다"라고 말하면서...

# 예선이의 선교기행문

**나는** 새벽 4시에 일어나서 차에 탔다. 많이 졸립지만 그래도 기뻤다. 캄캄한데 아빠 눈이 아프지 않도록 기도하다가 그냥 잠이 들었다. 깨보니 벌써 배를 타는데 와 있었다. 너무 기분이 좋았다. 동생 예람이는 막 뛰어다니며 좋아한다.
함께 간 파스톨 놀리(Pastor Noli)와 파스톨 다도(Pastor Dado)도 좋아하는 것 같았다. 아빠도 웃고 계셨다. 배를 타고 가는 길이 너무 시원했다. 바다도 파랗고 바람도 파란 것 같았다.
민도르 섬에 도착해서 버스를 타고 가는데 얼마나 먼지가 많은지 예람이 옷 색깔이 달라지고 내 살색도 이상하게 변했다. 또 트라이시클, 얼마나 덜컹거리는지 목이 다 아팠다. 아빠는 민도르를 오실때 마다 어떻게 다니실까 궁금했다.
산으로 올라가는 길은 바람이 너무 불고 풀과 돌이 많아 걷기가 힘들었지만 예람이와 나는 아빠 손을 붙잡고 찬송을 부르며 가는데 너무 좋았다.
바루칸에 도착하니 이상한 사람들이 쭈그리고 앉아 있었다. 옷도 입지 않고, 아줌마들은 찌찌를 그냥 내놓고 있고...
아이들은 얼굴이 너무 더러웠다. 그런데 아빠는 그 사람들과 함께 앉아서 이야기도 하시고 악수도 하신다. 들어 보니까 예수님 말씀을 하시는 것 같은데. 망얀 사람은 참 불쌍하다. 아빠가 그러시는데 그 사람들은 한 달에 쌀밥을 한번밖에 못 먹고 아이들 배에는 벌레가 많아서 배가 그렇게 부르단다. 그리고 학교도 못가보고 글씨도 모른단다. 나는 물어봤다. 그럼 예수님은 믿어요? 아빠는 이렇게 말씀하셨다. "그래서 아빠가 이곳에 오는 거란다" 아빠는 그곳에 교회를 지으신단다. 그리고 예배를 드리신단다. 눈물이 났다. 너무 불쌍하고 배고파 보였다. 아빠에게 허락받고 가지고간 노란 곰 인형을 친구에게 주었다. 그리고 사진도 같이 찍었다. 그런데 화난 것처럼 웃지 않았다. 원래 그렇단다. 나는 아빠가 왜 그렇게 먼 섬까지 가시는지 이제 자세히 알았다. 오늘 주일 예배 때 기도했다. 아빠를 지켜주시고 망얀 사람들 빨리 예수님 믿게 해 주세요 다음에 또 가고 싶다. 그때는 더 준비해서 가야겠다. 쌀도 가져가고 싶고 예쁜 인형도 하나 더 가져가야겠다. 참 좋았다.

# 어미 닭과 다섯 병아리

**지금** 우리 집의 지하실에는 어미닭 한 마리와 노란 병아리 다섯 마리가 포근히 잠을 자고 있습니다. 어제, 앙헬레스 빵빵가의 New Hope Christian 교회 예배를 다녀오는데 성도들이 서둘러 저에게 쥐어준 선물입니다 병아리 일가족 전체가 마닐라로 이사를 온 셈이 되었습니다. 주일 낮 설교를 시작하기 전에 성도들에게 인사를 먼저 했습니다. 아마도 이번 설교가 당분간 마지막 설교가 될 것 같다고.... 성도들이 알고는 있지만 예배시간 내내 가라앉은 분위기에 괜히 꺼냈다는 후회가 여러 번 들었습니다. 보잘 것 없는 선교사가 떠나는 것 때문에 주님이 잊어지는 기분 때문에 마음이 무거웠습니다.

예배 후에 대부분이 할머니 할아버지인 전형적 시골 교회의 성도들은 갑자기 바쁘게 움직였습니다. 그들은 집에서 달걀, 병아리, 먹으려고 했던 필리핀 떡, 누군가에게 받은 기념품 컵, 때 묻은 연필꽂이....등을 가져오고 나이 드신 할머니 한 분은 줄 것이 없다며 안타까워하시다가 망고 나무로 올라가 망고를 딴다고 우시는 통에 말리느라 혼이 났습니다.

하나님께 감사하면서도 부끄러웠습니다. 아무것도 아닌 나를 이렇게 귀히 만들어 주신 하나님의 사랑.... 지난 6년여 동안 서로가 의지하며 교회를 세우기를 노력했었지요. 비록 자라난 청년들은 도시로, 또는 해외 근로자로 나가 일하고

있지만 믿음을 지키는 모습은 참으로 대견스럽기도 합니다. 이제 이 교회는
든든히 서 갈 것입니다 기도하는 어른들이 있고, 자라나는 청년들이 있고,
이 교회를 지키시는 하나님이 계시기 때문입니다.먼 곳으로 이사 온 병아리
가족,
어미 닭은 다섯 마리의 병아리를 춥지 않게 꼭 품어줍니다. 하나님이 저희
식구 다섯을 꼭 품어주시듯…. 저도 이 밤에 어제 보았던 빰빵가 교회 성도들을
기도로 품고 자렵니다.
 - 내 품이 아닌 주님에 품에 함께 안겨서

## 예람이의 눈물

　**어제** 저녁 부천에 있는 교회에서 선교보고를 마치고 조금 늦게 돌아왔습니다. 아침에 헤어졌던 아이들은 모두 잠들어 있었지요. 한명씩 얼굴을 쓰다듬어가며 기도해 주다보니 예람이의 눈이 부어있고 얼굴에 눈물 자국을 발견했습니다. 어머님께 자초지종을 여쭈었더니 빙그레 웃으시며 말씀해 주셨습니다. 저녁을 먹고 세 아이가 둘러 앉아 찬송을 부르더랍니다. 웃고 재미있게 몇 곡의 찬송을 부르다가 "당신은 사랑 받기위해 태어난 사람"이라는 찬송을 부르던 중에 갑자기 예람이가 눈물을 흘리더니 노래도 못 부를 정도로 흐느꼈답니다.
그 이유인즉 필리핀에서 가정예배 때 이 찬송을 부르던 생각이 나서 갑자기 눈물이 쏟아졌답니다. 당황한 누나 예선이가 기쁜 찬송으로 바꿔 불러도, 위로를 해도, 협박을 해도 예람이는 필리핀도 그립고 그곳에 남은 고모 고모부도 보고 싶다며 계속 울었지요. 결국은 누나가 "나도 그래 그래도 어떻게 해, 우리가 참아야지" 하면서 따라 울고 영문을 모르는 막내도 함께 울고 지켜 보던 할머니 할아버지의 눈시울도 붉어졌었답니다.
이제 한 달이 조금 지났는데... 너무나 즐거워하기에 잊었는지 알았는데...
씩씩하게 적응해 줘서 고마웠는데....

아이들이 참아주고 있었다고 합니다. 예선이의 말이 계속 되었답니다.
"우리가 그러면 엄마, 아빠가 속상하시잖아."
하기야 어른인 저와 아내도 잠자리에 들어 필리핀의 이야기를 하다가 운적도 있는데 애들이 오죽했겠습니까. 이제 3주 후에 저 아이들을 끌고 또 다른 곳으로 가야한다고 생각하니 마음이 아프군요. 차라리 필리핀 비행기를 탔으면 하는 엉뚱한 투정이 생깁니다.

# 선교 도우미 한준수 간사의 간증

Holy Grace Christian Church. Holy Happy Harmony.
우리 인생은 Birth와 Death 사이의 Choice의 연속이라고 합니다.
누군가 저에게 인생에서 가장 값진 선택은 무엇이었냐, 고 묻는다면 당연히 Tangos HGCC 간사의 삶을 택한 것이라고 대답하겠습니다. 왜냐하면 그 선택은 저의 인생을 살아가는 목적과 선택의 가치를 세워준 소중한 선택이었고 시간이었습니다.
무엇보다 저의 인생에 큰 행운은 임문희 선교사님과 황선미 선교사님을 만날 수 있던 것입니다. 누구보다 필리핀을 사랑하고 그 중에서도 삶의 벼랑이라 불리는 도시 빈민가의 구석에서 가장 선교적인 삶을 보여주신 선교사님을 만날 수 있어서 너무 감사합니다.

감사한 마음을 이 짧은 글로 다 표현할 수 없지만, 제 인생 가장 존경하는 선교사님이십니다. 필리핀에서 함께 지내는 동안 진짜 예수님을 사랑하고 실천하는 삶이 무엇인지를 배웠고, 어떻게 내가 신앙의 삶을 살아가야 하는가를 배웠습니다.
본래, Tangos에 선교훈련을 받지 않은 인원은 간사로써 삶을 선택 할 수 없었지만, 어찌 보면 저에게 감사하게도 그 특별한 기회가 주어졌고, 저는 짧은 망설임 끝에 간사의 삶을 선택하였습니다.

제가 경험한 간사의 삶은 진짜 선교의 삶이었고 행동하는 신앙이었습니다. 매일 아침 2시간의 영어공부는 사역을 위해 HGCC 멤버들과 소통하기 위해 필요한 영어와 따갈로그를 배우는 시간이었습니다. 사실, 영어도 따갈로그도 아닌 따갈리쉬라는 표현이 더 맞을 것 같습니다. 어학원 현지 선생님에게 사역에 필요한 영어와 일상생활에서의 따갈로그를 조금씩 배우고, 사역지로 가는 길은 배움을 실천하는 실전 현장이었습니다.

손잡이 봉을 동전으로 치면서 '빠랏 뽀'를 외치니 지프니가 멈추던 처음의 그 순간이 아직도 기억이 납니다. 그리고 '바얏'을 외치며 자연스럽게 차비를 기사에게 건네고 있는 저를 보며, 내가 드디어 필리핀의 삶에 녹아들었구나를 느꼈습니다.

선교지에서는 지금까지 살아왔던 나의 모든 삶이 교재가 되었고 실천하며 살아볼 수 있는 생생한 현장이었습니다.

지난 시간을 되돌아보며 머릿속에 남는 생각과 마음은 감사함 입니다. 부족한 제가 그 곳에서 선교의 사역을 도우며 예배하는 신앙의 삶을 살 수 있었다는 것이 감사하고 참 행복했습니다. 언어는 이해하지 못했지만 예배로 인해 진심으로 은혜를 누릴 수 있었던 그 시간은 아직도 저에게 설렘이고 기쁨으로 기억됩니다.

필리핀의 공항에 내려서 출국장 문이 열릴 때 나는 그 특유의 필리핀의 냄새가 있습니다. 그리고 지프니를 타고 땅오스로 들어가면 땅오스 골목에서 나는 또 특유의 그 냄새가 있습니다. 문득 그 냄새가 그리울 때가 있습니다. 14년이 지난 그 시절, 그곳에서 살았던 그 때가 지금을 살아가는 저에게 위로가 되고 힘이 되고 있습니다.

저의 20대 순간에 인생의 끝자락으로 보이는 그 곳 땅오스에서 아이러니하게도 저의 진짜 믿음의 삶이 시작이 되었습니다. 선교지에서 진짜 하나님을 만나고 하나님의 삶을 살아가는 것이 무엇인가를 배웠기에 지금의 제가 살아 갈 수 있는 원동력이 되지 않았나 싶습니다.

즐거웠고 행복했습니다. 되돌아 갈 수 없는 시간이지만, 그 시간을 땅오스에서 보낼 수 있었던 것이 참 감사합니다.

글을 쓰면서 모처럼 2007년 그 시절로 돌아간 것 같아서 마음이 참 뭉클하면서도 따뜻해집니다. 임문희 선교사님, 황선미 선교사님,선교사님 사역에 간사로 함께 살 수 있었던 기회를 주셔서 감사하고, 저의 신앙의 목자가 되어 주셔서 감사합니다. Mahal kita sa Panginoon!

## 선교도우미 김재신 간사의 간증

**지금으로부터** 10년 전, 2011년 2월. 아쉬워하는 지인들과는 반대로 설레고 들뜬 마음으로 발걸음 가볍게 환송 받으며 입국장으로 들어서는 한 청년이 있었습니다. '무식하면 용감해 진다'는 말이 있듯 잘 몰랐기에 설레는 마음만으로 필리핀으로 향했던 것 같습니다.

필리핀은 저에게 첫 해외 여행지였고, 선교지였습니다. 2006년 첫 방문부터 임문희·황선미 선교사님의 따뜻하고 인자하신 품성과 맛있는 음식 하나라도 더 먹여주시려는 모습에 감동받아 일 년에 한 번씩은 매년 방문했을 정도로 좋은 기억으로 남아 있는 곳이기도 합니다.

그러니 이곳에서 간사를 모집한다는 이야기를 듣고는 별 망설임 없이 바로 지원했습니다. 저의 무지함을 모르시는 임문희 선교사님께서는 다행히 와도 좋다는 허락을 하셨고, 한 달의 기간 동안 직장과 주변을 정리하면서, 나도 가고 싶다고, 가서 주님을 만날 수 있게 도와 달라고, 열심히 기도 했습니다.

또한, 그 때는 어제까지 잘 다니던 직장 그만두는 것이 어쩌나 20대의 뭐든 도전할 수 있는 무모하고 어린 나이도 아니고, 월급 꼬박꼬박 나오는 어제까지 잘 다니던 직장을 쉽게 그만둘 용기가 생겼고 고민하고 두려운 마음보다는 덤덤히 원래 예정되어 있던 일처럼 자질구레한 주변 상황도 일사천리로 잘

마무리 할 수 있었습니다. 지금 생각해보면 짧은 시간동안 제가 결정한 것이
아닌 하나님께서 미리 계획하셔서 이끄신 일이였음을 고백하게 됩니다.
드디어 4시간 30분의 비행 끝에 마닐라 공항에 도착하였고 역시나 후덥지근한
날씨와 필리핀의 냄새가 나를 반겨주었고, 드디어 마닐라다, 라는 설렘으로
필리핀의 첫 날이 시작되었습니다.
제가 섬겼던 곳은 땅오스라는 마닐라 끝자락에 위치한 도시 빈민 지역입니다.
땅오스의 홀리 그레이스 교회가 저의 선교지였습니다. 이곳은 마닐라 시내보다
더 후덥지근하고 습한 날씨와 쓰레기 처리가 되지 않아 나는 냄새들.
상하수도 정비가 제대로 설치되지 않아 장마철만 되면 쓰레기들과 함께
무릎까지 물이 차오르던 동네.
비가 많이 오면 필리핀의 교통수단인 바이시클 운행이 중단되어 바지를 접어
올리고 걸어 들어가던 때가 생각납니다.
　땅오스의 환경은 열악했지만 이 곳 사람들은 환경과는 반대로 낙천적이고
순수하며 열정적이고 정도 많고 눈물도 많습니다. 이런 교인들 덕분에 제가
땅오스에 더 빨리 적응하며 지낼 수 있었다고 생각합니다.
제가 이곳에서 했던 사역은 교회 사무실과 급식사역을 돕고 교인들의 가정을
방문하는 일이였습니다. 이곳 사람들이 좋아 서로 웃기도 하고 장난도 치지만
잘 통하지 않는 언어의 답답함으로 일 처리가 쉽지는 않았습니다.
대화가 잘 통하지 않을 땐 그림을 그려서라도 의사소통을 하였지만
현지어(따갈로그)로 드리는 예배는 도저히 집중이 안 되어서 여러 달을 답답한
마음으로 지냈었습니다. 듣는 양식이 없으니 무엇을 위해 기도해야 할지
망막했고 무엇을 구하고 무엇을 해야 하는지 마음이 점점 어려워지고
답답하기만 했습니다.
그 때 제가 할 수 있는 건 오직 기도밖에 없었습니다. 저 좀 만나주세요, 저를

이곳으로 왜 부르셨나요, 제가 무엇을 해야 하나요,라며 수없이 기도했습니다.
그러다가, 왜 자꾸 내가 뭘 하게 해달라고 구하고 있지, 라는 생각이
들었습니다. 내 능력이 아닌 내가 할 수 있는 일이 없음에도 계속해서, 내가
무엇을 해야 하는지 알려 달라,며 내게도 능력을 주시라고, 오늘도 저를 안
만나 주실 거냐,며 억지떼를 쓰며 말 안 듣는 떼쟁이 아이가 돼버렸습니다.
내 힘으로는 아무것도 할 수 없다는 것을 입으로만 고백했지 마음으로 머리로
깨닫는데 몇 달이나 걸렸습니다. 몇 달이 걸렸더라도 깨달음이 있어 얼마나
다행인지 모르겠습니다. 그 후에, 저의 기도는,
'주님께서 하시는 일을 위해 기도할 수 있는 마음을 달라고 기도하며
말도 안 통하는 이곳에서 내가 할 수 있는 것이 없으니 앞으로는 제가 뭘
하겠다고 설치지 않겠습니다. 다만 제가 마땅히 구하고 기도해야 하는 것을
놓치지 않게 제 입술의 주인이 되어주시길 기도했고,
저는 어리석은 사람인지라 저의 입술을 통해 하는 기도가 아닌 하나님이 주시는
선물인 방언을 받아 기도하고 싶다.'는 간절한 기도로 바뀌게 되었습니다.
역시나 우리 아버지는 제가 경거망동해질까 바로 주시지는 않고 몇 달간 아니
그 이전부터 구했었던 방언을 6월 끝 무렵 수요예배 기도시간에 마법과도 같이
'뿅'하고 찰나의 순간 저에게 주셨습니다. 제 지인 중 한 명은 방언을 받고
무서워서 기도를 못했다고 했습니다. 자신도 모르는 말로 중얼거리는 게 너무
무서웠다고 했었는데, 전 너무 감격스럽고 신기하여 걸어 다니면서도 버스를
타고서도 블라블라... 오늘도 될까? 이게 방언이 맞나? 하며 한 동안은 계속
중얼중얼하며 다녔습니다.
그래서 그랬었나 봅니다. 지나가던 사람들이 자꾸 저를 쳐다보기에 '외국인을
처음 봤나보구나' 라고 생각했었는데 그게 아니라 얼마나 중얼중얼하고
다녔으면, 정신이 이상한 외국인인줄 알고 쳐다 본 것, 이라는 것을요. 하지만

전혀 부끄럽지 않았습니다. 오랜 시간 동안 너무 간절히 받고 싶었고, 기도했고 그리고 기다림 끝에 받은 방언이 너무 신기하기만 했었으니까요.

이렇듯 필리핀에서 하루하루의 삶은 나의 힘으로는 도저히 살아갈 수 없음을 알았기에 주님만을 의지하며, 주님의 도우심으로, 주님 주시는 능력으로 살아갈 수밖에 없었음을 고백하는 날들의 연속이었습니다.
필리핀으로 향하기 전부터 저는 아무 능력도 재능도 가진 게 없으니 몸으로 하는 고생은 당연히 감수하겠다는 생각으로 떠났었습니다. 주변에서는 겸손하다고 이야기했지만 그 겸손이 저에게는 입으로만 하는 고백이었습니다. '저는 아무 능력이 없으니 제게 능력 주셔서 제가 맡은바 일들을 잘 감당하게 해 달라'는 '뭐든 다 내가 하겠으니 능력을 주시라'는 식의 내가 중심이 되는 교만을 깨우쳐 주셨습니다. 그래서 더 낮아지게 하셨고 그 때부터 조금씩 제가 해야 할 일들을 알려주시며 그 일들을 충분히 감당할 수 있도록 함께 해 주셨습니다.
내가 아닌 그 분이 하시는 일을 전 가만히 따르고 보기만 하면 되니 마음이 평온해지고 날마다 주님의 뜻을 구하게 되니 주님과의 관계가 밀접해 질 수 밖에 없는 귀한 시간들, 귀한 깨달음을 얻게 해 준 땅오스는 저에게 잊지 못할 땅입니다. 시간이 많이 흘렀지만 그곳의 교인들과 사람들의 정, 그곳에서만 먹었었던 음식들이 너무 그립고 그립습니다.
저에게 땅오스는 감사함을 알려주었고 나눔을 실천하게 해 주었으며 교만을 깨닫게 하여 주님과 더 가까워지고, 주님만을 의지하여 외쳐 부르짖게 해주었던 저를 위해 미리 예비해 두신 잊지 못할 감사한 땅입니다. 이런 감사한 땅오스 땅에 언제나 항상 하나님의 축복이 함께 하기를 기도합니다.
이제와 생각해보면 더위도 많이 타고 체력도 좋지 않아 쉽게 지치는 제가

어떻게 감당했을까 하는 생각이 듭니다. 그 때는 선교가기에 늦은 나이였다고
생각했었는데 하나님의 시간으로는 그 때가 적기였던 것 같습니다.
선교를 다녀온 지 강산도 변한다는 10년이 지났습니다. 선교를 다녀온 직후엔
영적으로 충만함이 있어 뭐든 열심히 하려고 했었는데 한 해 두 해 시간이
흐를수록 빠르게 돌아가는 현실에 집중하느라 몸도 마음도 지쳐 주변을 돌아볼
여유조차 안 생기는 것 같습니다. 예전의 그 열심과 열정이 사그라들기 직전인
이때 땅오스에서의 삶을 되돌아보며 나의 신앙생활을 점검 할 수 있는 이
간증문을 쓰는 시간이 더없이 감사합니다.
세상 일을 하며 주님을 의지하여 살아간다는 것이 현장에서 오롯이 주님만을
의지하며 사는 삶보다 몇 백배는 더 어렵지만 땅오스에서 나를 만나주신
하나님을 기억하며 하나님과의 관계를 더욱더 밀착시켜 하나님 음성에
귀 기울이며 다시 한 번 더 내 생각과 의지, 나를 죽이고 하나님이
나를 다스리시는 듣는 자, 낮은 자로 살 것을 다짐합니다.

끝으로 임문희 목사님께 존경과 감사 그리고 축하의 인사를 드립니다.
항상 건강하세요!

# 아주 기쁜 날

**필리핀의** 언어로 '카와와'라는 말은 '불쌍한' 이란 뜻을 갖고 있습니다. 제가 섬기고 있는 교회중의 하나인 JCM 교회는 '와와'라는 지역에 있습니다. 급속히 진행되는 도시화의 물결 속에 가진 자들에게 밀리고 밀린 불쌍한 도시. 빈민들이 이제 더 이상 갈 곳이 없는 끝자리에 빈궁한 움막을 짓고 동네를 형성했었습니다.

희망이 없고 겉으로만 본다면 한심한 자신들의 인생을 술과 마약으로 달래며 동네 이름을 불쌍하기 그지없다는 의미에서 '와와'라고 이름을 지었습니다. 더 이상 밀리려 해도 바다가 가로막아 옮길 데 없고 장마철이 되면 조금만 비가 와도 집안에까지 물이 차서 축축한 기분과 몸을 그대로 감내해야하는 정말로 '카와와'한 사람들의 동네입니다. 그런데 주님께서는 그들을 더 이상 불쌍한 상태로 두지 않으시고 그곳에 찾아가셨습니다. 그들에게 하나님의 자녀로의 신분을 상승 시키시고 죄로 부터의 탈출을 시키시려고 교회를 세우셨습니다. JCM, Jesus Christ Ministry. '예수 그리스도의 사역' 교회.

불쌍한 자와 가난한 자의 친구가 되기 위해서 오신 그분의 사역을 감당하는 교회라는 뜻의 이름이지요. 그 교회의 창립기념일이었습니다. 창문 하나 없는 교회를 가득 메운 사람들. 그곳에는 성도들, 동네 아줌마들, 약간은 풀린 눈으로

문가에 기대고 서있는 주정뱅이 아저씨도 보였습니다. 한 수저의 국물도
흘릴세라 파르르 떨며 죽을 먹던 급식 어린이들도 오늘은 가장 예쁜 옷으로
입고 왔습니다. 정성껏 준비한 특별 찬양을 부르는 어린이들을 보며 누가 과연
저들을 불쌍한 '와와' 지역 어린이라고 할까 하는 생각이 들었습니다.
목청이 터져라 찬송을 부르고 눈물을 흘리며 손들고 찬양하는 저들의 손을
주님께서 아주 꽉 잡아주시기를 기도했습니다.
아.... 정말 불쌍했던 사람들.
제 정신으로는 겹겹으로 싸인 고통을 이겨낼 수 없기에 정신을 잃을 정도로
공업용 알콜을 들이키던 불쌍한 사람들...교회 문밖을 나설 때 그 냄새가 아직도
물씬 풍기는 주정뱅이 아저씨가 내 손을 잡으며 쑥스러운듯 물었습니다.
"나도 들어가 앉아도 돼요?"
- 천군 천사도 기뻐하는 아주 기쁜 날입니다.

# 죽 한 그릇을 위한 기도

**기적은** 믿음으로부터 시작됩니다. 떡을 들어 하늘을 우러러 축사하시던 주님처럼은 못해도 오늘밤 자그만 국그릇을 붙잡고 기도했습니다. 내일이면 70명의 어린이를 위한 급식이 새로운 지역인 '둘롱 땅오스'에서 시작됩니다. 지금 제 컴퓨터 옆에 놓은 작은 그릇, 그 안에 별것 아닌(?) 음식이 담겨 아이들의 앞에 놓여질 것입니다. 얼마나 좋아 할까....
지난 번 처럼 빨리 먹고 나면 더 주는 줄 알고 입천장 다 데이면서 뜨거운 죽을 마시는 애들은 없을까....
아이를 밀쳐내고 그 아까운 것을 흘려가며 마셔대는 가짜(?)같은 엄마는 없을까...
그리고 70명의 명단에 끼지 못해 창문 밖에서 침을 흘리며 매달리는 애들은 없을까...
별의별 생각이 다 듭니다. 저는 내일 속이 상할 것 같습니다. 그리고 울 것 같습니다. 매번 그랬으니까요. 내가 할 수 있는 것이, 줄 수 있는 것이 너무 작은 그릇도 채울 수 없기 때문이지요. 내게 오병이어의 기적을 이룰 만한 능력이 있다면 작은 국그릇 앞에서 고민 하지 않아도 될텐데.
오늘 밤에 이렇게 기도를 해 보면 예수님께서 웃으실까요?

- "예수님, 다른 것은 말고 오병이어의 능력만 잠간 빌려주세요."

창문에 매달리는 어린이가 없을 때까지 오병이어 기적을 위해 기도합니다.

## 피 흘리는 그 녀석 때문에

**오늘** 그야말로 어처구니가 없는 일이 벌어졌습니다.
71 명의 아이들이 답답하고 좁은 공간이지만 맛있게 먹는 급식이 순조롭게
진행되고 있었습니다.

오늘은 특별히 급식에 온 아이들에겐 기분 좋은 날이었었지요. 왜냐하면
지난주에 다녀가신 단기 선교팀이 가져오신 선물을 오늘 받았거든요. 과자와
사탕이 든 봉지와 보기에도 예쁜 크레파스, 가지런히 담긴 여섯 자루의 연필을
저마다들 들고 기뻐했습니다. 그 맛있던 밥그릇도 채 비우지 못하고,
자랑스럽게 선물을 흔들며 좁은 골목길로 사라져 갔습니다. 그런데 잠시 후
입술이 터져 피가 흐르고 닦지 않아 검은 얼굴에 눈물과 콧물로 범벅된 한
하나님의 자녀가 교회로 왔습니다. 하필이면 오늘 결석했던 그 녀석,
다른 아이들이 선물을 들고 뛰는 모습을 본 그 녀석의 엄마는 사정없이
그녀석의 얼굴을 후려 쳤고 아이의 등을 밀어 배급품(?)을 타오라고 보냈더군요.

오래 만에 배고프지 않아 급식에 결석했던 결과는 너무나 아픔으로
갚아졌습니다(배고프지 않은 날은 오지 말라 가르쳤었는데...) 어떻게 해야 할까...

그 녀석의 엄마를 후려칠까...
빨간 색연필로 그 집 대문에 X표를 할까....선교사의 어깨에 힘이 빠짐을
느낍니다. 입술에 묻은 말라붙은 핏딱지를 빨아 먹으며 돌아서는 아이의 손에
매달린 하얀 과자 봉지가 유난히 홀쭉해 보입니다.
"예수님, 죄송합니다, 그녀석의 엄마에게 전도만 했었어도. 그 엄마가 예수님만
알았었어도, 우리 교회 교인만 되었었어도."
대문을 빠져 나가는 그 녀석의 뒷모습을 바라보며,
내 입술을 깨물어 보았습니다.
- 찝찝함을 함께 느껴보고 싶어서

## 탈옥수, 출옥수

**오랫동안** 마음에 부담으로 안고 있던 교도소 선교를 2주전부터 시작했습니다. 산 페르난도 지방 교도소에는 411 명이나 되는 이 땅의 범죄자들이 갇혀 있습니다.
지난 1999년부터 교도소 선교를 위해서 기도를 해왔는데 이제야 그들에게 빚진 자의 마음으로 다가가게 되었습니다. 그리스도의 피로 사면 받은 하늘의 전과자가 이 땅의 전과자를 찾아가는 발걸음은 그리 가볍지만은 않았습니다.

교도소 입구에서 받은 손목에 찍혀진 작은 도장, 그것으로 출입증을 대신하여 거의 무릎을 꿇을 정도로 허리를 굽혀야만 통과해야 죄수들이 있는 곳으로 들어갑니다. 그 좁은 문 건너편에 어두운 얼굴의 사람들 모습이 아무렇게나 널려(?) 있습니다.
오후 5시만 되면 열한 개의 방으로 흩어 들어가 밖에서 잠그는 주먹 만한 자물쇠를 물끄러미 바라만 보는 그들의 얼굴이 정말 나를 슬프게 했습니다.

그들을 뒤로하고 돌아 나와 아직도 퍼렇게 남아 있는 손목의 도장을 바라보았습니다. 도장 하나 때문에 잠시나마 갇혀있던 그 곳에서 나올 수 있었던 저는 분명 당당한 출옥수였습니다. 만약 도장 없는 그들이 밖으로 나온다면 그들은 탈옥수가 되겠지요.

순간 밀려오는 영혼의 자유와 하나님의 은혜에 눈물이 핑 돌았습니다.
내 영혼 가운데 찍혀있는 도장,
갈보리의 피로 찍은 붉은 구원의 도장으로 영혼의 감옥에서 해방 된 출옥수!
사형수에서 사면을 받은 기쁨의 물결이 가슴 뿌듯이 밀려왔습니다.

고개를 돌려 돌아 나온 좁은 문을 바라봅니다. 그리고 그 속에 있는 411명에게 소리 없이 외쳤습니다.

"당신들이 그곳을 나올 때는 진정한 출옥수가 되어야 합니다. 여러분의 가슴 속에 십자가의 도장이 없다면 여러분은 또 다시 탈옥수가 되고 맙니다."

이 땅의 갇힌 자를 향한 주님의 마음을 조금이나마 느껴 영혼의 연민이 미여지게 밀려옴을 느낍니다.
그리고 조심스럽게 약속했습니다.

"여러분의 가슴속에 보혈의 도장이 찍힐 때까지 내 발걸음 늦추지 않겠습니다."

돌아오는 차 안에서 목이 쉬도록 찬송을 불렀습니다.
"보혈을 지나 하나님 품으로.. 보혈을 지나 아버지 품으로... 보혈을 지나 하나님 품으로... 한걸음씩 나가네. 존귀한 주 보혈이 내 영을 새롭게 하시네. 존귀한 주 보혈이 내 영을 새롭게 하네."

이제 시작한 교도소 선교를 위해 마음을 다해 기도합니다.

- 영혼의 출옥수를 만들기 위해.

"주의 성령이 내게 임하셨으니 이는 가난한 자에게 복음을 전하게 하시려고 내게 기름을 부으시고 나를 보내사 포로된 자에게 자유를, 눈먼 자에게 다시 보게 함을 전파하며 눌린자를 자유케 하고 주의 은혜의 해를 전파하게 하려 하심이라 하였더라."

## 진짜 갑부들의 추수감사 헌금

**작년** 7월, 이곳에서는 너무나 엄청난 일에 모두들 슬픔과 공포에 휩싸여 있었습니다. 15년 동안 쌓여 있던 쓰레기 하치장의 쓰레기 산이 비대해진 자기의 몸뚱이를 견디지 못해 무너져 내리고 말았습니다.

버릴 것이 있는 사람들의 잔재들, 문명의 이기심으로 많이 갖고, 많이 쓰고 남은 것들, 먹고 남은 것들의 쓰레기 더미의 그늘에 기대어서 살아가던 600여명의 가냘픈 생명들을 그냥 삼켜 버렸습니다. 비명을 지를 틈도 주지 않고 쓰레기의 냄새에 코도 막을 여유도 주지 않고 가난한 친구들의 마음까지도 쓰레기로 만들고 함께 숨어 버렸던 것입니다.
홀리 그레이스 교회에서 4년 동안을 함께 신앙생활 하던 형제와 자매도 그 속으로 사라져 버렸습니다.
쓰레기가 타면서 1년 내내 연기가 나서 이름도 "스모키 마운틴".
바람에 흩어지는 연기와 함께 그들은 그렇게 없어져 버렸답니다. 너무도 슬퍼서 놀랄 수도, 우는 것 자체도 용납될 수 없을 것 같았지요.
1년이 지난 그곳에 올해에는 아직도 쓰레기 속에 누워있는 그들을 그리워하는 사람들과 함께 쓰레기 산 위에 십자가를 꽂기도 했었습니다. 살아남은 사람들이 모여 다시 세운 교회에 다녀왔습니다. 늘 있던 얼굴들이 보이지 않아 갈 때마다 마음 쓰라림은 말해 무엇하겠습니까?

그곳에서 지난주에 추수감사 예배가 있었습니다. 동역하는 현지 목회자와의 만남에서 저는 너무나 아름다운 이야기를 들을 수 있었습니다.
사랑하는 가족이, 그리고 소중한 믿음의 형제들이 아직도 묻혀있는 그 위로 지금도 쓰레기는 덮여만 가고, 높아만 가는 '스모키 마운틴'의 높이만큼이나 슬픔도 커가겠지만 산 사람 입에 풀칠을 해야 하겠기에 오늘도 쓰레기 속에서 작은 플라스틱 조각을 줍고 있는 그들이 '과부의 두 렙돈' 설교를 듣고 추수 감사예배에 가져온 예물은 이것이었습니다.
한 살도 안 된 막내딸에게 먹일 우유 한 통을 들고 온 아주머니,
아들의 2학기 준비물인 새 노트 한권을 가져온 집사님,
조여 오는 가슴을 풀어줄 결핵약 15알,
하루 종일 온가족이 쓰레기 산에서 주운 플라스틱 조각 3자루,
비닐에 담긴 쌀 1kg,
심지어 쓰던 손톱 깎기까지......
가장 귀한 것을 드려야 한다는 말씀을 설교로 받았기 때문에.필리핀 현지의 전도사는 이 헌물들을 어떻게 해야 할지를 제게 물었습니다.
최소한 일주일은 저들의 생명을 연장시켜줄 수 있는 가장 소중하게 여기는 귀중품들, 그러나 영적 할례 받지 못한 눈으로 보면 '스모키 마운틴'에서 나온 쓰레기로 밖에 보이지 않을 것 같다는 이 추수감사 예물들.
아직도 교회 강대상 옆에 있는 이 예물들을 어떻게 해야 할지 저도 그에게 물었습니다.
세상의 최고의 갑부들이 드린 추수감사 예물이기에......

지난 주일에 헌금궤에 작은 봉투 밀어 넣던 내 손이 부끄러워 손 모으지 못하고 가슴속에 감추고서 주 앞에 이 새벽에 기도합니다.
"주여, 그 예물, 모든 사람이 볼 수 있도록 성령의 불로 태우소서.
스모키 마운틴에서 피어오르는 영광의 연기가 보좌에 임하는 것을 볼 수 있도록 활활 태워 주소서…."
이 세상의 가장 갑부들이 갑자기 보고 싶어집니다. 감사절은 지나갔지만 그들과 함께 감사절 향연을 한판 벌려야겠습니다.
- 줄 것보다 제가 받을 것이 많을 것 같아서.

# 하나님의 손끝이
## 가리키는 그곳

주검 앞에서
Spirit move in your temple
가슴에 묻은 자식
혈투!
기적은 가까운 곳에서
다니 형제의 영접기도
다니 형제는 떠났지만
예수님처럼 바울처럼
쓰레기에서 나온 사진
예수님 죄송해요
선교도우미 조현정 간사의 간증
축구장에 울려 퍼진 기도의 함성
논문을 쓰면서
고민
그리운 빗소리
귀뚜라미 소리에
토박이
민도르 이야기
민도르를 다녀오며
무지무지 감사
구약 신약 그리고 회충약
특별한 성탄 선물

## 주검 앞에서

**어둠** 속에서 번쩍이며 이 땅에 떨어지는 번갯불은 누구든 두려움을 가질만했습니다. 우기철의 장맛비에 섞여온 번갯불로 형광등은 힘없이 꺼져 버렸습니다. 갑자기 찾아온 어둠속에서 얼른 창밖을 쳐다보았습니다.

3일 전에, 갑작스런 고혈압으로 32세의 짧은 생을 마감한 형제가 누워있는 초상집 안에서 비명이 들려왔습니다. 먼저 간 이 앞에서 슬픔과 아쉬움으로 며칠 밤을 지새우고 있는 그들이지만 실제로는 무서웠던 모양입니다.

그렇습니다. 아무리 가까웠어도, 아무리 사랑했어도 그가 이미 주검으로 누워 있다면 아무도 그와 함께 누울 수 없는 것을….
부랴부랴 켜놓은 흔들리는 촛불 앞에서 다시금 들리는 흐느낌의 소리는 먼저 간 이가 원망스러워 우는 소리로 들립니다.
다닥다닥 붙어있는 좁은 판자촌 사이에 누워있는 그도 빨리 편한 땅속으로 가고 싶을 것 같은데 아직 장례비 1만2천 페소가 채워지지 않아 습기 찬 땅바닥에서 썩어가고 있습니다.

쏟아지는 장대비 아래서 사망 진단서를 들고 집집마다 다니며 장례비용을 구걸하는 그 식구들은 무슨 생각을 하고 있을까요.
죽은 그가 가난은 끝냈어도 구원받지 못해 지옥의 신음하는 소리가 들렸으면 좋겠습니다.
그래야 그들은 예수 믿고 천국으로 갈 수 있을 테니까요.

# Spirit move, in your temple

      Spirit move, in your temple
Spirit move, in my life
Spirit move, I am calling
Spirit move, I am here

이 찬송을 절규하듯이 부르짖고 성령의 임재 하심을 간구하는 성도들의 눈물을 하나님께서는 외면하시지 않으셨습니다. 누구도 줄 수 없고, 흉내낼수 없는 강력한 역사하심이 특별 기도회에 모인 14 명의 게스트들과 7 명의 도우미들 위에 거침없이 휩쓸고 가셨습니다.
성령의 기름 부으심을 위해 기도해 줄 때, 심령의 가장 깊은 곳의 상처에 닿은 주님의 손길이 너무나 뜨거워 몸부림을 치며 뒹구는 그들을 보며 그들 삶의 고통과 상처의 깊이를 측량할 수 있어서 마음이 아팠습니다.

남김없이 쏟아내듯 가슴을 부여잡고 울부짖어 기도하는가 하면, 엎드러져 숨도 쉬지 않고 요동 앉던 자매,

정갈한 모습으로 반 듯 누워 소리 없이 눈물을 한없이 쏟아내던 자매,

의지하던 목발을 포기한 채로 새로 태어난 아이처럼 하나님의 품에 살포시
안기던 형제,

허리가 뒤로 90도가 꺾이며 발버둥 치다가 끝내 주님께 몸을 맡기고 안식하던
중년의 남자

둘째 날 아침으로 이어진 간증 시간.
너무도 놀랄만한 고백들을 떨리는 음성으로 간증할 때 가슴이 철렁거리다가
눈물이 핑 돌고…… 은혜의 불구덩이는 계속 되었습니다.

이제, 기도합니다.
성령의 만지심을 경험한 저들의 삶에 구체적 변화가 일어나고,
주변을 변화시키는 성령의 사람이 되기를 간절히, 간절히 구합니다.

# 가슴에 묻은 자식

**얼마** 전에, 홀리 그레이스 교회에 처음으로 출석해서 특별사역을 통해 주님을 만나고 구원의 기쁨을 간증한 미르나 할머니란 분이 계십니다. 언제나 예배 전 단정한 모습으로 나와 기도로 준비하던 미르나 할머니는 다른 성도들에게 모범이 되었었습니다. 그런데 오늘은 1부 예배 시간의 시작이 거의 다 되어가도 그분의 모습이 보이지 않으셨습니다.
궁금함을 안고 예배를 마치고 2부 예배를 준비하고 있는데 그분의 쌍둥이 손자가 허겁지겁 달려 왔습니다. 오늘 새벽에 할머니의 큰 아들이 총에 맞아 숨지는 바람에 오늘은 교회에 올 수 없다는 것이었습니다.

- 그 아들을 만난 적은 없었지만 기도제목을 낼 때마다, 전도대상자를 적어 낼 때마다 늘 이름이 올라있던 그 사람이 아니던가.

선교사로서의 무거운 발걸음을 끌고 그 집안에 들어가니 감히 말로 표현할 수 없는 슬픔을 얼굴에 담고 있던 미르나 할머니는 저희를 보자마자 또 한 번 울음을 터트리셨습니다.
위로할 말을 찾지 못해서, "우는 자와 함께 울라"는 말씀을 지킬 수밖에 없었습니다.

함께 한 성도들과 손을 잡고 기도할 때, 제 손을 잡은 할머니의 손에 힘이 빠지더니 그냥 제 품에 쓰러져 버렸습니다. 20 여분 만에 정신을 차린 할머니는 한동안 저희를 알아보지 못하셨습니다.
그리고... 터질 듯한 울음으로 내뱉은 말이 저희를 더욱 슬프게 했습니다.

- 오늘 아침에, 교회에 간다고 옷도 준비 했었는데....

오늘 그 할머니는 가슴에 묻은 자식이 더욱 불쌍했던 것은 예수님없이 보낸 것이 더욱 가슴이 아팠던 것입니다.

울적한 마음으로 집으로 돌아와 일기를 씁니다. 그리곤 제 가슴을 한번 쓸어 내려 봅니다.
사역자로서 제 가슴에 묻은 영적 자녀들의 얼굴이 하나둘 스쳐 지나갑니다. 순간 조여 오는 가슴의 아픔을 느낍니다.

내일 아침에, 온 몸에 암이 퍼진 한 남자를 위해 전도 심방을 합니다. 아직 예수님을 알지 못한 그에게 마지막 기회가 될지도 모릅니다.
또 한 번 슬픔으로 가슴에 묻지 않기를 기도합니다.

- 오, 주님 도와주소서.

# 혈투!

**한** 주간의 시간이 흘렀음에도 그날의 뜨거운 느낌이 아직도 온몸을 휩싸고 있는 듯합니다. '소나기 3기 전도집회'를 시작하며 6주 동안 매주 이 날을 위해 기도해왔었습니다.

'야베스 기독 수양관', 붉은색 티셔츠를 유니폼으로 입고서 푸른 잔디에 발을 디딘 3기 알파 75 명은 웃는 얼굴 뒤에 긴장감을 감추지는 못했습니다. 수양관에 도착 전부터 이미 성령님의 만지심이 한 사람, 한 사람을 움직이고 있었습니다.

저녁식사 후에 강의가 시작되었고, 보름을 한참 넘긴 밤의 적막은 별빛마저 삼켜버릴 듯 했습니다. 성령의 임재를 위한 기도회를 앞두고 모두를 밖으로 내 보냈습니다.

- 어둠 속에서의 침묵기도.

2~3미터 앞을 제대로 볼 수없는 어둠속에서 군데군데 흩어져 앉은 게스트들은

성령님에 대한 기대감과 두려움으로 방해하는 악한 영과의 전투를 시작하는 듯
했습니다.
기도실로 다시 모인 그들은 난생처음 가슴을 열고 찬양을 시작했고,
두 번째 찬양을 시작도 하기 전에 서너 명은 이미 성령의 임재에 안식을 취하기
시작했습니다.
이어서 성령님의 임재를 위한 안수 기도를 시작할 때 엄청난 일들이 눈앞에서
벌어졌습니다. 두려움에 거절하려고 했지만 그 힘을 누르고 임하시는 성령 앞에
저들은 익은 곡식이 고개 숙여 쓰러지듯 온몸을 그 분께 위탁하며 영적 안식을
취하기 시작했습니다.
한 사람, 한 사람을 위해서 기도해 줄 때 사랑하는 성도들을 위로하시는
하나님이 너무 고마워 제 입술은, 하나님 고맙습니다, 하나님 고맙습니다,를
연발했습니다.

그토록 단단하던 남성들이 쏟아내는 눈물은 바위틈에서 흐르는 샘물 같았고
실종된 동생을 위해 울부짖던 한 자매는, "하나님, 당신께 맡깁니다"를 고백하
며 세상에서 가장 편한 얼굴로 잠이 들었습니다.

기도가 마무리되어갈 때 맨 앞에 있던 셀 리더 한명이 참기 힘든 소리를 내며
바닥을 기기 시작했습니다. 성령의 도우심을 위해 기도하며, 그 머리에 손을
얹으니 이마를 타일 바닥에 부비며 온몸을 뒤틀었고, 딱딱하게 굳어가는 다리를
끌며 짧은 거리를 온힘을 다해 기어갔습니다. 예수님의 이름으로 명령하자 몸을
뒤집으며 기절하듯 누워 버렸습니다.

1 미터 남짓 그토록 힘들게 기어간 그 자리에 선명한 핏자국이 길게 누워

있었습니다.
그리고 그 핏자국은 누워있는 자매의 입술 주면에 멈춰 있었습니다. 가슴속에서 고여 있던 그 어떤 것이 응어리진 핏덩이를 끌고 나갔던 것 같습니다.
피 흘리는 혈투는 그렇게 끝났습니다.

기도회를 마치고 밖으로 나온 모두는 별 말이 없었습니다. 아직도 흘러나오는 눈물을 훔치며 둘러 앉아 쌓아놓은 나무 더미에 불을 붙었습니다.
3미터는 족히 넘을 높이로 치솟는 불기둥 앞에서 모두는 순식간에 축제의 한마당을 벌렸습니다. 갈멜산의 혈투에서 승리한 엘리야의 승전보가 모든이의 가슴속에 그대로 전이되는 순간 이었습니다
어둠속에서도 볼 수 있었던 벌겋게 달아오른 얼굴은 비단 모닥불 때문만은 아니었습니다. 죄를 태우고 주를 보게 한 성령의 열기가, 피를 토했던 혈투를 마친 승리의 흥분이 고스란히 남은 얼굴들이었습니다

아직도 눈앞에 아른거리는 선명한 핏자국,
가슴을 쥐어짜며 회개하는 아름다운 얼굴들,
얼굴에 평안의 흔적만 남기고 잠든 눈에서 끊임없이 흐르는 눈물......
제 가슴이 뜨겁습니다.

어제 '소나기 3기 집회'를 마친 후, 첫 주일 예배를 드렸습니다.
전에는 볼 수 없던 미소를 품은 그들은 혼자가 아니었습니다.
아들의 손을 잡고 들어서는 70대 노모, 새벽 장사를 포기하고 부인을 이끌고 온 다리오 형제,
그토록 애태우며 교회 주변을 맴돌던 헬렌은 남편과 함께 주보를 받아들고

씩씩하게 앞자리를 찾아 앉았고
늘 멀찌감치 앉아 있던 비에론 부부는 남의 눈에 아랑곳 하지 않고 두 손을 꼭 잡고 예배를 드렸습니다.
늘 혼자였던 그들 옆에 누군가 같이 앉아 있는, 새로운 얼굴들이 교회를 가득 차게 했습니다.

골고다 언덕에서 혈투를 벌였던 예수님의 사랑이 고마워 아침부터 눈물이 고입니다.

- 예수님, 고맙습니다. 사랑합니다. 예수님

## 기적은 가까운 곳에서

**지난** 금요일에, '소나기 사역' 만찬이 있었습니다.
33명의 수료생들과 56명의 3기생들, 17명의 도우미들이 꽉 채운 성전은
은혜의 물결로 거의 네 시간을 보냈습니다.
기적의 물결은 수료생들의 간증에서 시작 되었습니다 3개월 동안을, 아니
그 이전부터 가까이에서 지켜보았다고 생각했었는데, 그들은 제 생각보다는
하나님과 멀리 있었습니다.
상상할 수 없는 삶에 대한 고백과 '소나기'를 통해 받은 은혜와 각오를 울먹이며
고백할 때 3기생들은 시작 전부터 감동을 받는듯했습니다.

그렇게 설렘으로 마친 만찬은 드디어 오늘 주일에 기적의 증거들이
현실로 보였습니다. 미리 약속이나 한 듯 성령께서는 그들의 가슴속에 가족
구원에 대한 소망을 불어 넣어 주셨습니다.

남편을... 아내를... 자녀들의 손을 잡고 교회로 나와 등록 시키는 모습에서
저는 얼마나 흥분이 되었는지요!

그중에서도 교회에 간다고 주먹으로 머리를 때려 뇌출혈 증세로 긴장시키던 글로리아 자매의 남편이 교회문을 들어설 때 온몸에 전율이 일어남을 경험했습니다.

271 명의 성도들이 1, 2부로 나누어서 이전보다 더 뜨겁게 찬양하고 교제를 나눌 때, 기적의 연못 속에서 헤엄을 치는 기분이었습니다. 자리가 부족하고 선풍기가 고장 나 답답했어도 마음은 창공을 나는 독수리 같은 여유로움이 있었습니다.
하나님의 기적은 가까운 곳에서 시작되었습니다. 이제, 가정을 회복시키실 하나님의 행보를 바라봅니다.

아내의 머리를 내려치던 주먹이 주님 앞에서 기도의 손으로 모아지고, 3일에 한 번씩 마약 주사기를 움켜잡던 로밍의 손에 성경책이 들려지고, 놀음판에서 '빙~~고'를 외치던 멀찌 아주머니의 입술에서 찬양이 흘러 나올 또 다른 기적을 기대합니다. 쉽지는 않겠지만, 나의 한계가 하나님의 기적의 출발점이라서 속히 나의 한계를 고백하고 싶은 마음입니다

행복했던 주일, 기적의 흥분을 가슴에 품고 사랑하는 모든 이들과 나누고 싶습니다.

## 다니 형제의 영접기도

**어두운** 구석에 앉아있었던 그는 너무 숨이 가빠 한 문장의 말도
제대로 이어가기가 힘들어 보였습니다.
건강했던 사람인데 두 달 전부터 갑자기 숨쉬기가 불편해서 병원에 가보니 폐에
혹이 보였습니다. 2주 전에는 목이 아프기 시작하고 음식을 넘기기 힘들어 또
병원에 가보니 목에도 혹이 있다고 했습니다.
X- Ray에 발견된 혹이 무엇인지를 확인하기 위해서는 시티스킨(촬영)을 해
봐야 했는데... 그리하지 못했답니다. 음식은 먹을 수 없고, 숨이 차서 허리도
못 펴 잠도 웅크리고 앉아 의자에 엎드려 자고 있답니다.
다른 식구들은 모두 교회에 나오며 직분자도 있고 조카는 올해 신학교에
입학해서 목회자가 되기 위해서 훈련 받고 있는데 유독 '다니' 형제만 주님을
멀리 하고 있었습니다.

누나의 부탁으로 심방을 했는데 의외로 너무나 반색하며 반겨줍니다. 그리고는
살고 싶다는... 밤마다 죽음을 생각하면 너무 무섭다는 고백을 합니다.
사람의 인생, 천국과 지옥에 대한 간단한 설명과 구원의 길에 대한 복음을
전하고 영접할 의사가 있냐고 물었습니다.

금방이라도 폐가 튀어나올 것 같이 고통스럽게 숨을 몰아쉬며 한마디 한 마디 영접기도를 따라 했습니다.
그런데 "나는 영원히 지옥 갈 수밖에 없는 죄인입니다"를 고백할 때 따라 하지를 못하였습니다.
눈을 뜨고 바라보니 얼굴에 두려움의 그늘이 두텁게 덮여있고 가늘게 떨리는 눈꺼풀 사이로 눈물이 새어 나오고 있었습니다.
가쁜 숨을 몰아쉬며 죄인임을 고백하고 예수님을 모셔드릴 때 여전히 가쁜 숨을 몰아 쉬었지만 음색이 가벼워짐을 느꼈습니다. 한 영혼이 죄악과 죽음의 사슬에서 끊어지는 것은 고통이 따르는 것을 여러 번 보게 됩니다.

다니 형제의 집을 나서려는데 여든이 넘은 그의 어머니가 저의 손을 끌어 당겨 다시 한 번 다니 형제의 가슴에 얹어 놓고 한 번만 더 기도해 달라고 요청했습니다. 자식의 고통을 바라보는 어머니의 애절함을 느낄 수 있었습니다. 집을 나서며 그의 고백이 하나님의 기쁨이 되었기를 기도하며 그의 온몸을 사로 잡고 있는 수많은 고통의 사슬들이 하나둘씩 계속 끊어져 나가기를 간절히 기도했습니다.

11월의 첫주일(5일)에 연합 찬양집회를 합니다. 예배의 주제가 "Breaking chains", 모든 악의 사슬들이 끊겨지기를 소망하고 있습니다. 그때 다니 형제를 업어서라도 데려오려고 합니다.
그의 병든 몸에도 자유가 임하도록.

## 다니 형제는 떠났지만

오늘 '2기 소나기 사역' 마지막 과를 위해 모임이 있었습니다.
새벽에 출발하여 교회에 도착하니 지난주 기도해 주었던 다니 형제가 어젯밤에
주님의 품에 안겼다고 합니다.
순간 고통의 숨을 몰아쉬며 영접기도를 따라 하던 형제의 얼굴이 겹쳐졌습니다.
한 형제가 생을 마감했다고 생각하니 아쉽고 불쌍함이 마음에 밀려 왔지만 그
순간에 제가 깊은 숨을 몰아쉬고 있음을 발견했습니다.
이제는 편한 숨을 쉬겠구나. 주님 품에 안겨 허리도 펴고 편히 쉬고 있을 것
같은 생각이 들었습니다. 결국 교회에 나와 보지는 못했지만 이번엔 마음이
많이 무겁지만은 않습니다.

그의 여든이 넘은 노모께서 저를 보자마자 "우리 아들 죽었소, 우리 아들
죽었소"라고 하면서 두꺼운 돋보기 안경 넘어로 굵은 눈물을 흘려보냈습니다.
아들을 먼저 보낸 노모의 슬픔이 깊이 다가 옵니다.

다니 형제는 지난주에 주님을 영접하는 기도를 하고서는 한시도 성경에서 눈을
떼지 않고 시편을 읽었으며 어제도 구부러진 허리를 끌고 밖에 나와 물 한 모금

마시고 그냥 쓰러졌는데 의자에 두고 온 성경책을 잡으려고 2m 정도를
기어가서 성경책을 움켜쥐고 그냥 숨을 거뒀답니다.

'소나기'를 진행하며 형제의 이야기를 나누었습니다. 숙연해 지는 분위기속에
자신의 삶을 돌아보고 마지막 순간에 손에 쥐고 싶은 것을 써 보라고 했습니다.
그렇게 다니 형제를 보냈지만, 교회에 한 번도 나오지도 못하고 그냥 갔지만
그 형제가 많은 이야기를 우리에게 남기고 간 것 같습니다.

그의 시신이 방부제 처리를 위해 장례사가 오늘 밤에 집으로 도착한다고
전해 들었습니다. 내일은 그의 얼굴을 한번 보고 와야겠습니다.
아마도 편한 얼굴일 것 같습니다
그의 어머니가 말씀을 하셨습니다. 그 성경책은 그냥 손에 쥐어서 보내야
겠다고....

요즘에 부쩍 우리의 곁을 떠나는 사람들이 주변에 많이 있습니다.
그들이 떠날 때 그들의 마음에 구원의 믿음을 굳게 움켜쥐고 떠날 수 있기를
소원하며 내일도 그들 중에 누군가를 만나러 내려가야겠습니다.

# 예수님처럼, 바울처럼

**제가** 애창하는 복음성가 중의 하나가 '낮엔 해처럼, 밤엔 달처럼…' 입니다. 이 찬송을 부르며 제 자신을 다듬고 절제하는 마음과 삶을 위해 수없이 기도했었습니다.

- 예수님처럼, 바울처럼 그렇게 살순 없을까, 욕심도 없이 자신들의 온몸을
  온전히 드리셨던 것처럼.

이 대목을 부를 때는 정말 그렇게 살기를 다짐하고, 또 다짐해 보기도 했었습니다.
오늘 선교센터에 일대 소동이 있었습니다. 저희가 떠나기 전에 그 동안 저희 식구들이 입던 옷을 몇 벌만 빼고 모두 모아 잘 손질하고 우리 아이들이 갖고 있던 장난감과 학용품 등을 모아 동네 아이들과 주민들에게 나눠주었지요. 옷이래야 그 동안 고국에서 보내준 구호품에서 대충 치수 맞는 것을 골라 입은 것이 대부분이었고 그것도 많이 낡아 꿰멘 것도 있으며 아이들의 장난감이야 한국에서 오신 손님들이 두세 번 선물해 주신 것들 그것도 예선이부터 예준이까지 대물림(?)한 것들인데 그것을 나눠줄 때 수십 명의 아이들이 몰려들어 자칫 싸움까지 일어날 뻔 했었습니다
그 소동 속에서 그들 속에 서있을 때 얼마나 부끄러웠는지 모릅니다. 우리는 옷이 별로 없다고 생각했었는데 너무 많았었습니다. 우리는 옷이 거의 낡았다고

생각했었는데 너무 새것들이었었습니다. 우리는 아이들에게 낙후된 환경에서
교육 받음을 미안하게 생각했었는데 그게 아니었습니다.
예수님은 전대도 두 벌 옷도 갖지 아니하셨고 바울은 모든 것을 포기하고 나눠
주고 살았었는데…
옷을 받고 기뻐하는 아이들을 보며 고맙다고 연신 고개 숙이는 노년의
할머니를 보며 얼마나 회개를 했는지 모릅니다.
이제는 옷장에 두 세 벌 옷만 덩그러니 걸려 있습니다. 그런데 제 마음에는
가득 찬 무엇이 있습니다. 아마도 흐뭇해 하시는 주님의 마음 일겁니다.
이제 이 마음 낮엔 해처럼, 밤엔 달처럼 그렇게 동일하게 갖으려고 다시 한 번
무릎을 꿇습니다.
내일 주일학교 예배에 우리 아이들의 옷을 입고 오는 학생이 있을 겁니다.
품에 꼭 안아 줄 겁니다.

- 내 아이처럼, 그리고 주님의 아이처럼.

## 쓰레기에서 나온 사진

**제가** 사는 이곳에서는 쓰레기를 처리하는 것이 매우 어렵습니다.
아주 가끔 쓰레기 차가 오기는 하지만 언제 올지 모르고 또 올 때를
기다리느라고 마냥 쓰레기를 담아 둘 수도 없지요.
궁여지책으로 집 옆에 커다란 구덩이를 파고 태울 것은 태우고 묻을 것은
묻고…. 공기가 오염되는 것이 조금 미안하기는 하지만요.

쓰레기를 태울 때마다 늘 긴장해야 했습니다. 쓰레기를 소각하려고 통을 들고
나가면 이내 아이들이 열댓 명은 몰려듭니다. 그리고 저는 본의 아니게
쓰레기를 태우기 전에 검열을 받지요. 아이들은 외국 선교사의 집에서 나오는
쓰레기 속에서 값진 것(?)을 찾으려고 간혹 싸움도 했었습니다.
그런데 이게 여간 곤혹스러운 것이 아닙니다. 아이들에게 미안해서지요.
그래서 버리기 전에 조금이라도 쓸 만한 것은 종이 한 장이라도 따로 박스 속에
잘 모아 놓습니다. 그래서 아이들에게 나눠주지요. 쓰레기를 뒤져서 가져가게
하는 것 보다는 백배 마음이 편합니다.
오늘은 금년의 마지막 쓰레기를 처리했습니다. 엄선(?)해서 선택된 쓰레기
속에 묵은 사진들을 정리해서 함께 묶어놓았습니다. 쓰레기에 불을 붙이려는

순간 조이다 라는 작은 여자 아이가 갑자기 달려들었습니다.
조이다는 지난주에 있었던 성탄절 파티 때 모범상을 받은 아이지요. 그 아이가
쓰레기 더미 속에서 보화라도 잡듯 움켜잡은 것은 사진 묶음이었습니다.
저의 사진과 가족들의 사진도 있었습니다. 몰려든 십여 명의 아이들은
오랜만에 보는 햄버거라도 된 듯 사진을 서로 가지려는 몸싸움을 해댔습니다.
당황스러워서 조이다와 사내아이들의 손에서 사진을 빼앗아 들고 물었습니다.
도대체 남의 사진을 가지고 무엇을 하려냐고. 조이다가 이렇게 말하였습니다.

"임 선교사님과 가족들 보고 싶을 때 언제든지 보려고요."

세상에.... 너무나 진지하게 말을 하는 아이들의 눈빛 속에 저의 얼굴이
비쳤습니다. 저는 정말 쓰레기처럼 묻혀서 살다가 쓰레기와 함께 사라져갈
죄인이었는데, 구원 받고 새사람 되고, 또 외모와는 다르게 깨끗한 영혼을
가진 아이들에게 사랑을 받고 있다니요.
비록 못난 얼굴이 찍힌 사진이지만 먼지를 털어 아이들에게 한 장씩 나누어
주었습니다. 사진들은 언젠간 없어지겠지요. 그러나 저들 가슴속에 남고
싶습니다. 쓰레기에서 건짐 받은 사진의 주인공이 그렇게 호소했던 예수님이
그들의 마음에 계시기를 기도합니다. 2001년, 마지막 쓰레기를 태우면서
하나님의 위로하심을 체험했습니다. 쓰레기 속에서 건짐 받은 이 감격을 어떻게
표현할까요.
오, 주님

## 예수님 죄송해요

**극구** 사양했던 송별예배를 드렸습니다. 송별예배를 드리면 다시 오지 말라는 소리로 알고 안 돌아오겠다는 저의 협박성(?) 말에 연로한 성도 한분이 이렇게 말씀을 했습니다.

"늙은이의 마음도 헤아려야지요. 젊은 사람이야 다시 만나겠지만 나는 어떡하라고...."

눈물까지 글썽이며 섭섭해 하던 그분 앞에서 천국에서 만나면 된다는 이야기는 꺼낼 수 없었습니다. 그렇게 해서 드리게 된 송별예배였습니다.
현지 성도들이 준비해준 예배엔 오래 만에 보는 얼굴들도 많았습니다.
예배당 안이 비좁아 문밖 뜨거운 태양 아래서도 저희들을 위해 눈물로 기도해주는 사랑하는 사람들... 많이 울었습니다.
도저히 허리를 피고 있을 수가 없어서 구푸려 울었습니다.
아내와 미리 약속을 했었지요, 눈물을 보이지 말자고... 하지만 저도 아내도, 자세한 영문도 모르고 함께 나와 있는 우리 아이들도 울고 말았습니다.
아주 많이 울었습니다. 슬퍼서도 아니었고, 아쉬움만도 아니었고,

이들이 그리울 것만도 아니었습니다. 주님께 죄송해서.... 도저히 허리를 펴고 고개를 들고 있을 수가 없었습니다.

예수님은 사역을 마치시고 십자가 위에 계셨는데 저는 조명 밑 강대상 앞에 서 있고

예수님은 야유를 받으셨는데 저는 칭찬을 받았으며

예수님은 벗김을 당하셨는데 저는 가장 좋은 옷을 입고 있고

예수님은 침 뱉음을 당하셨건만 저는 악수를 받고 있고 있습니다.

예수님은 채찍을 받으셨는데 저는 카메라 플래시를 받고 있고

예수님은 목말라 하셨는데 저는 생수병을 들고 있고

예수님은 물과 피를 주셨는데 저는 선물을 받았으며

예수님은 죽으셨는데 저는..... 정말 죄송해서, 정말 예수님께 죄송해서 그 자리에서 허리를 피고 울 수가 없었습니다. 아무것도 한 것이 없는데...

서운한 것은 참을 수 있었고, 그리움은 참을 수 있었고, 그동안의 감사의 눈물도 삼킬 수 있었는데 주님께 죄송스러움은 도저히 참을 수가 없었습니다.

한참 후에 허리를 폈을 때 예수님께서 위로해주심을 들었습니다.

그것은 주님이 하셨던 '다 이루었다'는 말씀이었습니다.

그렇습니다. 주님은 십자가에서 다 이루었다, 하셨지요. 저는 그렇지 못합니다. 이 송별예배가 새로운 파송예배임을 알았습니다. 그렇습니다.

오늘이 사역의 마지막이 아니었습니다. 언젠가 제가 주님의 품에 안길 때 저는 비로소 이렇게 말씀을 드릴 것입니다.

"주님, 맡겨주신 사명, 다하고 왔습니다."

그때까지 몇 번을 더 울지 모르겠습니다. 허리를 구푸려 어제처럼 또 우는 날이 있겠지요. 또 울더라도 지난 13년처럼 살겠습니다. 아니 더 열심히 뛰겠습니다.

선교사로서 생이 마쳐지는 순간까지, 주님이 품에 안아주시는 순간까지 주님이 그토록 사랑하는 영혼을 찾아 목마른 사슴처럼 헤멜 것입니다.
지금은 마음이 홀가분합니다. 250 여명의 사랑하는 얼굴들, 눈물로 안아주던 사랑하는 영혼들, 그들은 이곳 필리핀에서 계속 주님을 위해 살 것입니다.
그들을 마음에 품고 저와 우리 가족은 새로운 사역을 위해 떠납니다.

- 예수님, 감사합니다. 정말, 정말 감사합니다.
- 필리핀의 친구들, 동역자들, 정말 고맙습니다. 건강하소서.

# 선교 도우미 조현정 간사의 간증

Mahal kita sa Panginoon~
마할키타 싸 팡이노온 ~ 예수님 안에서 당신을 사랑합니다.
제가 필리핀에서 처음 배운 문장입니다.
임문희 목사님의 책을 통해서, 다시 한 번 제가 만난 하나님, 나를 귀한
그릇으로 만든 하나님을 생각하며 그 때의 삶을 나눠보려 합니다.
저는 필리핀 마닐라의 땅오스라는 빈민가에서 임문희 선교사님 가정과 전기철
선교사님 가정과 함께 8년 동안을 평신도 선교사로 섬겼던 마젠타 조현정입니다.
처음에는 간사로 섬기다가 선교사라는 이름을 가슴에 달고 사역하였습니다.

제가 처음 필리핀 땅을 밟은 것은 1995년 1월 제 나이 스무 살 때였습니다.
저희 모교 찬양팀에서, 후원하고 있는 필리핀 교회로 7박8일 단기선교를 간다고
했습니다. 그런데 몇 명이 개인 사정으로 갈 수가 없게 되어 그 빈자리를 제가
대신 채워서 가게 되었습니다. 저는, 솔직히 뭐하러 그 더럽고 더운 나라를
가는지, 이해 할 수가 없었습니다. 그러면서도 마음의 한 켠에서는 저렴한
금액으로 해외여행을 갈 수 있다는 생각에 못 이기는 척 가겠다고 했습니다.
같이 가는 팀원들이 선교지를 위한 기도제목을 적으며 선교물품을 준비할 때,

저는 쇼핑리스트를 적고 해외여행에서 입을 옷들을 준비했습니다.
하나님의 인도하심과 은혜를 구하며 드라마, 찬양 등, 전도집회를 연습할 때,
저는 친구의 도움으로 나름 유행한다는 색으로 염색하고 폭탄 파마하고 제
치장을 하며 그렇게 단기선교를 가장한 제 첫 해외여행을 하게 되었습니다.

드디어 도착한 필리핀. 탁하고 답답한 더운 공기, 뿌연 매연, 뭐라고 말로 표현
할 수 없지만 좋지 않은 냄새, 색이 없는 시멘트 빛 낮은 건물들, 공항 밖으로
나오는 사람들을 구경하기 위해 철장 밖에 매달려 있는 작고 까만 사람들. 그
사이로 하얀 얼굴이 빨갛게 익은 한 분이 환하게 웃으며 손을 흔들고
계셨습니다. 바로 임문희 선교사님이셨습니다. 가볍게 인사를 하고 첫 걸음을
떼었습니다.
공항의 청사 밖으로 나온 필리핀은 더 가관이었습니다. 길거리는 쓰레기
더미들이 쌓여 있었고, 나무 합판을 얹어 집 모양을 한 길거리 집들이 두서없이
엉켜 있고, 무단횡단으로 도로를 가로지르는 사람들, 벽에 붙어 노상방뇨하는
사람들, 옷인지 누더기 인지 구별할 수 없는 것들을 걸치고 있는 사람들, 길가에
앉아 똥을 누는 아이들…눈살이 찌푸려지는 더럽고 더운 나라였습니다.
선교사님께서 아이들을 안아주고 환하게 웃으라고 하셨지만 전 웃음은커녕
너무 더워 짜증이 나고 그 지저분한 사람들이 저에게 다가오는 것조차 싫어서
슬금슬금 피해 다녔습니다. 그런데 함께 간 언니들은 뭐가 그리 신이 나고
기쁜지 종기 고름으로 머리가 온통 덮인 아이들을 닦아주고 쓰레기 같은 옷을
입은 아이들을 안아주면서 환하게 웃고 있었습니다.
정말로 이해가 안 됐습니다. 심지어 그 더운 날, 에어컨도 나오지 않는 지프니
(필리핀 대중교통수단) 안에서도 땀을 뻘뻘 흘리며 손뼉 치며 찬양을 부르는
것이었습니다. 매일 저녁 일정을 마치고 미션센터에 도착하면 다 같이 손을

잡고 한참동안 감사기도와 주기도문 찬양을 불렀습니다. 매일 2- 3 시간 밖에 잠을 못 자고 40도가 훌쩍 넘는 날씨라 지칠 법도 한데 그 에너지가 어디서 나오는지 날이 갈수록 그들의 하나님에 대한 사모함은 뜨거웠습니다.
전 너무 궁금했습니다. 뭐가 그리 즐겁고 감사한지..

며칠이 지나고 어느 날, 그날도 빈민가 어린이 급식 사역과 전도지 심방전도를 마치고 돌아와 기도하는데 밤하늘에 별이 쏟아질 듯이 많았습니다. 한국과 다르게 너무 예쁜 하늘을 바라보며 찬양을 부르는데 제 마음속에 작은 음성이 들리는 것 같았습니다.

- 내 사랑하는 아이야… 내가 너의 하나님이다. 내가 너의 머리 위에 항상 너와 함께 한단다.

사실, 저는 그 때까지 하나님을 한국 교회에 모셔 두었다가 주일에만 꺼내 만나곤 했는데 여기 이곳 필리핀 하늘 위에 함께 하신다니, 또 저와 항상 함께 하신다니… 눈물이 한없이 흘렀습니다. 멈추지 않았습니다. 누가 볼까봐 얼른 눈물을 훔치고 밤새도록 감사기도를 드리며 다시 찾은 하나님을 다시는 놓치지 않게 해달라고 간절히, 간절히 기도했습니다. 저의 철없고 변덕스런 모습과는 상관없이 주님은 여전히 그 자리에 계셨습니다.
그 후에 제 삶이 바로 바뀐 것은 아니었습니다. 한국에 돌아와 지내다 보니 그 때의 감동은 어느덧 다시 잊어졌고, 저는 일상의 삶들을 살아갔습니다. 미술을 전공한 저는 같은 전공을 한 친구들을 꼬여서 필리핀 교회와 연결하여 몇 년에 한 번씩, 봉사를 가장한 해외여행으로 교회에 방문하여 데코레이션이나 성경학교를 도와주는 것이 전부였습니다.

그러던 어느 날이었습니다. 2006년 10월에, 『갈대상자』라는 한동대 설립 이야기 책을 읽으면서 저도 모르는 기도가 나왔습니다. "주님, 저를 쓰시기 원하시면 주님의 그릇으로 만들어 쓰세요" 라고.
그리고 그 해 12월 31일에, 너무 심한 몸살을 앓으면서 그 좋던 음주가무가 싫어지는 것을 경험했습니다. 세상의 기준과 기쁨을 따르던 저의 모습들이 변해가기 시작했습니다. 2007년 한 해 동안에, 하나님께서는 그렇게 세상 한 가운데 있는 저를 걸러내셨습니다.
출애굽기 23장 20절 말씀, "내가 사자를 네 앞서 보내어 길에서 너를 보호하여 너를 내가 예비한 곳에 이르게 하리니" 라는 말씀에 힘을 얻어 2008년 1월 7일에 짐을 싸서 무작정 필리핀으로 향했습니다.
솔직히 부모님은 말리셨고, 제가 가는 것을 많이 반기시지는 않으셨습니다. 그럼에도 저는 필리핀행을 선택했고, 그 당시에, 부모님의 빨갛게 충혈된 눈이 지금도 아른거립니다. 제가 필리핀에 대한 마음을 가지고, 그 땅으로 간 것은, 그 곳에서 직장을 구해 일을 하며 주일학교 교사로 섬기면서 살려는 것이었습니다. 저는 산업디자인을 공부했고, 미술교사 자격증과 금속공예 자격증이 있으며, 교회에서의 오랜 반주 경험과 아이들을 가르쳤던 경험도 가지고 있었습니다. 그런 경험들을 바탕으로 일을 하며, 주일에는 현지교회에서 섬기고자 하는 마음을 가지고 있었습니다. 그리고 세련되고 여유가 있는 멋진 권사가 되고 싶었습니다.
그러나 저의 계획과는 상관없이 하나님의 뜻은 다른 곳에 있었던 것 같습니다. 여러 곳의 면접을 봤는데 제 마음의 동함이 없었습니다. 직업을 구할 수 있는 기회와 상황이 잘 열리지 않았습니다.
오히려, 매일 왕복 4시간 30분씩 5번의 대중교통을 갈아타면서도 교회에 가는 즐거움이 너무나 컸습니다. 필리핀의 현지어, 따갈록을 할 줄도 모르면서 교회

동네를 돌아다니며 만나는 사람들마다 인사하고 누가 시키지도 않았는데
심방을 하면서 하루시간을 다 보내곤 했습니다.
그렇게 10개월의 시간이 흐르고 선교사님께서 간사로 헌신을 권하셨습니다.
일주일동안 금식을 하고 기도했습니다. 평생의 full 한해, 일년 정도는 주님을
위해 온전히 드릴 수 있을 것 같았습니다. 그렇게 한 해, 두 해 지나면서
주님께서는 저를 주님의 사람으로, 귀한 삶을 위한 그릇으로 만들어 가고
계셨습니다. 그 당시에는 제가 주님을 위해 헌신했던 것 같지만, 지나고 보니
주님이 저를 위해 더 애쓰시고 헌신하셨다는 것을 알았습니다.
그러던 2012년 1월, 갑자기 배가 너무 아팠습니다. 그 통증은 일주일이 넘게
계속되었습니다. 누가 제 배를 칼로 찌르는 것처럼 아팠습니다. 하지만,
의료보험이 안 되고 병원비가 비싼 걸 알기에 참을 때까지 참으리라 하며
견디는데, 주일 저녁에 도저히 참을 수가 없어 황선미 사모님께 도움을
요청하고, 배를 움켜쥐고 응급실로 갔습니다. 담낭에 이물질들이 쌓여서
제거해야 한다는 진단을 받았습니다.
수술을 위해 이틀간 금식을 하는 동안 하나님께, 이 땅 가운데서 제게 원하시는
삶이 무엇인지 묻는 시간을 가졌습니다. 지난 몇 년간의 제 삶의 점검이
필요함을 느꼈고 생명의 위험이 있는 건 아니지만 그렇게 수술대 위에 저의
삶을 내어놓게 되었습니다. 주님께서 저에게 거룩한 옷을 입혀 주시기
원하신다는 것을 느꼈습니다.

그러나 제 안에 선교사 라는 거룩한 타이틀이 부담이 되었습니다. 부모님과
언니, 동생에게 함께 기도에 동역해주기를 부탁하고, 40일 작정기도를 하면서
"목적이 이끄는 삶"을 같이 묵상했습니다. 그러면서 더 간절히 기도했습니다.

"주님, 알려주세요. 저도 다른 사람들처럼 주님으로부터 특별한 부르심을 받고 싶어요"

그렇게 그날 묵상을 하는데 책에 이렇게 적혀 있었습니다. "당신은 하나님으로부터 특별한 부르심을 받아야 한다고 생각할지 모른다. 그리고 초자연적인 느낌이나 경험을 기다리고 있을 지도 모른다. 하지만 하나님은 이미 계속해서 당신을 부르셨다." 알 수 없는 전율이 느껴졌습니다.
생각해보니 정말 하나님은 계속 저를 부르셨습니다. 막상 제가 주인이었던 나의 삶의 모든 것을 내려놓을 자신이 없었습니다. 또 매일의 삶 가운데 쓰러지지 않고 바르게 서 있을 자신이 없었습니다. 사람들을 미워하지 않고 예수님처럼 사랑하며 섬길 자신도 없었습니다. 주님께 확신과 기쁨을 달라고 함께 구했습니다. 두려움이 아니라 기쁨과 평안함을 달라고…
그리고 주일 새벽 교회로 가는 택시에서 주님께서 말씀하셨습니다.

- 사랑하는 딸아, 왜 특별한 부르심이나 초자연적인 경험을 받고 싶니? 내가 너를 사랑하는 것, 그것만으로 안 되겠니? 내 사역에 너를 동참시키고 싶구나. 아무것도 두려워하지 말고 걱정하지 말아라. 사역은 내가 할 테니 나만 바라보아라.

한없이 흐르는 눈물이 앞을 가렸지만 마음속에 깊은 평안과 감사가 밀려왔습니다. 너무나 기쁘게 주님께 저의 삶을 내어 놓았습니다. 부족한 저를 사용하실 주님께 죄송할 뿐이었습니다. 주님께서 좀 다듬으시고 고치시고 가르치시면서 쓰시기를 기도했었습니다.
내 삶의 주인이 누구이신지, 내 삶의 목적이 무엇인지 다시금 알게 되었고,

하나님의 영광을 위해 지으심을 받은 자로서 주님의 일에 쓰임 받을 수 있음에
감사하며 평생 선교사로 헌신하게 되었습니다.
감사하게도 8년 동안을 필리핀에 머물면서 3번의 소매치기와 2번의 도둑 침입,
한 번의 가방 도난만 당했습니다. 주님 생명을 지켜주셔서 감사합니다.
주신 생명 귀한 일에 쓰겠습니다.
간사로 섬길 때 한국에서 오신 단기팀에서 항상 하시는 말씀이, 힘들지 않아요?
어떻게 이런 곳에서 살아가세요, 라고 물으신 적이 참 많았습니다. 맞습니다.
정말 힘들었습니다. 하지만 우리는 그 곳을 왔다가 빠져나가지만 우리 성도들은
그 곳에서 날마다, 평생을 살아갑니다. 라고 임문희 선교사님의 말씀을 빌려
말하고 싶었지만 항상 웃음으로 넘기곤 했었습니다.
그런데 그 힘듦보다 받는 은혜가 더 컸고 환경이 중요한 것이 아니라 하나님을
사모하는 성도들의 마음이 더 중요함을 알기에 견디고 버티고 함께 할 수
있었다는 생각이 듭니다.

선교사님을 도와 주로 제가 섬겼던 사역은 예배 섬김 이외에, 어린이 급식
사역이었습니다. 지역 특성상 가장 시급한 것이 어린이 급식입니다. 지독한
가난으로 인해 먹지 못하는 사람들이 대부분인 상황가운데 처해있는 아이들은
최소 일주일에 두 끼만 먹어도 생명을 유지 할 수 있다고 합니다.
임문희 선교사님께서 말씀하시기를, 급식의 주목적은 한 번의 배고픔을
덜어주는 것 이상으로 하루라도 더 생명을 더 연장시켜 주어 예수님을 만나게
하는 것이라고 하셨습니다. 매일 500 여명의 아이들에게 빵과 주스를 주었고,
항상 밥 급식을 소망하며 간절히 기도했습니다. 후에는 감사하게도 밥과 국은
물론 과일에, 영양제까지 줄 수 있었음이 더 없이 감사했습니다.

둘째는 장학 사역이었습니다. 필리핀은 학기제가 초등학교 6년, 중학교가 없이 고등학교 4년입니다. 그러다보니 너무 일찍 사회로 나오게 되고, 주위에서 보고 자란 좋지 않은 환경들로 인해 죄가 죄인지 모르는 어린아이들이 참 많습니다. 먹을 것이 없어서 굶주림을 해결하기 위해 마약을 하고 본드를 불고, 15- 16세에 임신을 하고도 죄의식을 느끼지 못합니다. 그 아이들이 옳고 그름을 바로 알게 하기 위해서는 가장 중요한 것이 교육이라고 말씀해 주셨습니다.
그래서 시작하게 된 장학사역은, 학교를 다니기 위한 가장 기본적인 생활비를 주며 공부를 할 수 있도록 돕는 사역입니다. 매년 2- 30 명의 장학생을 후원할 수 있었습니다.

셋째는 방과 후 교실 사역이었습니다. 이곳의 초등학교는 한 학교당 학생 수가 약 2천여 명이나 됩니다. 그래서 오전 6시부터 3교대로 수업을 받습니다. 학생 수는 많은 데 교실이 부족하여 심지어 복도에서 수업을 받기도 하고, 운동장 한 구석에서 받기도 합니다. 또 필리핀 초등학교에는 예체능 과목이 교과 과정에 없습니다. 이런 저런 이유로 인해, 이웃 지역사회를 위해 교회에서 방과 후 교실 사역을 하였습니다.
미술, 음악, 컴퓨터, E.Q, 태권도를 가르치고 있으며 매 수업을 기도로 시작하고 마치고 찬양을 가르쳐 어린아이들이 예수님을 만날 수 있는 접촉점을 만들어 수업했습니다. 너무나도 부족하고 연약한 저에게 주님께서 귀한 영혼들을 맡겨 주셨습니다. 주님이 사랑하시는 그 한 영혼들을 내가 사랑하고 끝까지 쓰임 받을 수 있는 귀한 종이 될 수 있도록 기도의 끈을 놓을 수가 없었습니다.

필리핀에서의 8년 동안의 삶은 제 삶에서 가장 아름다운 보석 같은 시간이었습니다. 그 시간을 통해 하나님이 기뻐하시는 삶이 무엇인지 알게 되었고 더 귀하게 쓰임 받기 위해 미술심리치료를 공부하게 되었습니다.
그리고 신학대학원에 입학하여 병아리 사역자로서의 첫 발을 내딛었습니다.
필리핀에서 매 순간 함께 해 주셨던 하나님을 믿고 의지하며 한 걸음 한 걸음 귀한 발걸음을 내딛어 봅니다. 지금도 여전히 그 자리에서 저를 깊이 사랑하고 계신다는 것을 날마다 느끼며 살아갑니다.
모든 영광을 주님께 올려드립니다.

# 축구장에 울려 퍼진 기도의 함성

**월드컵의** 열기가 지구 반대편 미국 땅에도 날씨만큼이나 뜨겁습니다. 그러나 정작 미국 사람들에게서 미국 팀에 대한 방송은 거의 없고, 관심도 별로 없는 듯 보인답니다. 하지만 곳곳에서 만나는 한인들은 달랐습니다.
붉은 옷을 입은 사람이 눈에 많이 띄었고, 한인 방송은 새벽 특별 시간대에 큰돈을 지불하고서 중계방송을 하고 있지요 새벽에 저도 일어나서 예외 없이 TV 앞으로 가서 앉았습니다. 텔레비전의 색상이 고장이라도 난 듯 온통 붉은색만 보이는 응원석을 보면서 '축구가 저렇게 대단했나' 하는 생각을 가져 보았습니다.
'붉은 악마'라고 하는 조금은 발음하기 거북한 응원 팀을 보면서 붉은색 옷이 없으니 붉은색 수건이라도 두르고 응원해야겠다는 어떤 한인 교회 집사님의 행동이 생각나서 씁쓸한 웃음이 나오더군요. 그러나 마지막 장면에서 세 명의 선수가 그라운드에 기도의 깃발을 꽂는 모습을 보며, 넘실대는 붉은 함성보다 더 큰 기도의 함성을 듣는 듯한 감동을 받았습니다. 아마도 그 기도의 함성을 들으신 주님의 은혜가 있었다고 믿고 싶습니다.

# 논문을 쓰면서

**필리핀에서는** 책상에 앉아있을 시간이 그리 많지 않았던 생활이었기 때문에 미국에서 학교에 적응을 하느라 한동안 힘들었습니다. 갑자기 변한 생활과 새로운 환경에서 빚어지는 약간의 혼란. 찌들듯이 베여있던 선교사의 사고와 습성들이 쉽게 놓아 주지 않는 생각과 생각의 꼬리들. 지구 건너편 필리핀에서 걸려 온 전화 수화기 속에서 들려오는 몇몇의 성도들에 대한 그리움 등등. 빨리 논문을 써야 한다는 일종의 초조함 속에 그냥 그렇게 시간들이 많이 흘렀습니다.

이 기간에는 선교사의 역문화 충격을 충분히 경험한 시간들이었습니다. 이제는 생각과 생활에서 조금은 정리되어 이제야 겨우 책상에서 6-7시간을 보낼 수 있게 되었습니다. 하지만.... 논문의 집필은 겨우 서론 부분을 마쳤는데 자꾸 막히는군요. 빈민 문화 속에서 발견하는 자기인식,
그 속에서 하나님을 갈망하는 몸부림들을 써야하는데, 그리고 그 속에서 그들을 지켜보았고 함께 살아왔던 '나'를 그려야하는데... 두 가지가 나를 괴롭힙니다. 선교지라는 현장 속에서 그들의 가난의 몸부림을 너무도 이해 못해왔던 내 모습, 그로인해 상처 받았을 가난한 사람들, 그 사람들이 생각나고 너무나 미안하고 내가 부끄러워서 괴롭습니다. 또 한 가지는 내게 사과할 수 있는

형편이 현재는 아니라는 겁니다.

내가 지금 그런다고 해결할 수 있는 것은 현재로서는 아무것도 없는데도 말입니다. 컴퓨터 자판에 눈물이 스며들어 컴퓨터를 3일간 수리를 받았었습니다. 이번에 논문을 쓰면서 저는 엄청나게 깨질 것 같습니다. 아니 하나님 앞에서 다시 한 번 부서지고 새로 탄생하는 경험을 하게 될 것 같습니다. 말라본 똥물에 발을 담그셨던 주님, 둘롱 땅오스의 쓰레기 위를 걸으시던 주님, 꿀리꿀리 낮은 움막에 그들과 함께 쭈그리고 앉아 계시던 주님의 얼굴이 생각나서 무릎이 시리도록 조여듭니다.

저는 압니다. 이런 시간들은 제게 내려진 축복이란 것을. 부끄러웠던 모습을 논문에 그려 넣으면서 새롭게 되어지기를 기도합니다. 논문 한 장 한 장을 메꿔 나가며 얼마나 더 부끄럽고 미안하고 눈물을 흘려야 될지는 모르겠습니다. 하지만 중단하지는 않을 것입니다. 지금 해산의 고통을 느끼는 심정입니다. 내 자신이 정말 새롭게 태어나겠다는 그리고 진정 예수님의 심장을 가지고 기다리는 그들을 향해 가겠다는 각오로 이 고통을 기쁨으로 감당하렵니다.

## 고민

**미국에서의** 삶이 기쁘지가 않습니다. 이제까지 저의 삶에서, 가난한 자의 친구가 되겠다고 수없이 입으로 말을 해왔었습니다.
그런데 요즈음에 저의 삶은 점점 부자가 되어가는 고통 속에 신음하고 있습니다.
공부하는 시간으로 분주하다보니, 필리핀 친구들의 모습이 기억 속에서 자꾸 흐려져만 가는 느낌입니다. 그들의 모습을 잡으려고, 잡으려고 노력해도 잘 되지 않아 괴롭기만 합니다.

아메리칸 드림, 많은 이들이 꿈을 갖고 찾는다는 미국 땅.

과연 나는 이곳에서 무엇을 잡으려고 머무는가?

13년간의 선교사역이 힘들었던 것은 사실이지요. 하지만 거기에는,
사랑이 있었습니다.
기도가 있었습니다.
그리고 하나 더 희망이 있었습니다.

그러나 이곳에서는 아무것도 보이지 않습니다. 찾을 수가 없습니다.

- 내가 너무나 교만한가?

- 너무나 이기적인가?

- 너무나 편협적인가?

도저히 알 수 없다.

점점 편한 것에 물드는 것 같은 내 모습이 싫어졌습니다.

하루에도 우체통을 가득 채우는 전단지에는 온통 먹을 것이 가득하였습니다.

- 너무 싸다.

- 너무 많다

오늘 처형이 이런 말을 했습니다.

"미국 사람들은 저렇게 많이 먹이니 사람들이 그나마 불평 없이 사는 것 아닐까요."

맞는 말이었습니다.

- 아, 필리핀의 땅오스로 빨리 가고 싶다

## 그리운 빗소리

**저와** 아내의 취침시간은 밤 11시를 넘기는 것이 어느덧 정례화 된 것 같습니다. 잠을 청하려는 밤 11시가 되면 창밖에서는 어김없이 빗소리가 납니다. 그러나 그건 하늘에서 내리는 비 소리가 아니라 잔디와 나무에 물을 주는 스프링 쿨러의 물줄기 소리입니다.

미국에 와서 아쉬운 것 중에 하나가 비 오는 소리를 들을 수 없다는 것입니다. 미국 동부야 다르지만 이곳 서부의 캘리포니아에는 일 년에, 땅을 살짝 적시는 정도의 비가 서너 차례 오고 만다고 합니다. 필리핀에서는 우기철이 이미 시작되었습니다. 매년마다 우기철이면 하늘이 열린 듯 쏟아 붓는 빗줄기를 보며 항상 두 가지 마음을 갖고 있었던 기억이 납니다.

허술한 집에서 추위에 떨며 집안으로 들어오는 물을 막으려고 안간힘을 쓰는 성도들의 안쓰러운 모습에 '그만 내렸으면' 하는 생각입니다. 그런가 하면 온갖 더러운 것과 무더위를 부수듯 내리 붓는 빗소리는 열대지방 선교사에겐 하나님의 축복의 소리와도 같았었지요.

그래서 비가 오는 소리가 나면 안타까운 기도와 감사의 기도를 번갈아 가며 하곤 했는데…. 이곳 미국에서는 그럴 기회가 없습니다.

오늘 필리핀에서 현지 전도사로부터 연락을 받았습니다. 많은 비가 와서 많은 성도들의 가정이 고생하고 있다고 기도를 부탁한다고 했습니다.
어떤 모습인지 눈에 선합니다.
비 없는 땅에 사는 제가 미안하기만 합니다.

11시를 갓 넘은 지금입니다.
밖에는 빗소리(?)가 들립니다.
어제는 이 소리를 듣고 잠자리에 들었지만 오늘은 책상 아래로 내려 앉아 무릎을 꿇고 싶습니다.
필리핀에서 듣던 빗소리를 가슴에 품고 그들을 위해 기도해야겠습니다.

## 귀뚜라미 소리에

**열어놓은** 창문 너머로 귀뚜라미 소리가 들려오기에 문을 열고 보았더니 그 옛날 연탄불 때던 부엌의 따뜻한 부뚜막에서 보았던 통통한 귀뚜라미 한 마리가 작은 미동을 하며 정겨운 소리를 내고 있습니다.
순간적인 감성이 꿈틀거리며 나와 예수님의 단둘만의 데이트 하는 밤 같은 가슴 두근거림이 느껴졌습니다.
작은 귀뚜라미 소리에 '하나님께서 너무도 나를 사랑하신다는 것'이 감정을 느낄 때, 전신을 감싸는 짜릿함을 경험했습니다.
주일을 보내고 40촉 백열등 아래서 감사의 기도를 드립니다.
아직은 시계를 보면서 필리핀 시간을 계산하는 버릇을 가진 체 그들을 그리워하고 있지만 그런 내 모습이 싫지는 않습니다.

어제 저녁에는 필리핀의 다도 목사, 놀리 목사와 전화 통화를 했습니다.
뜻밖의 장거리 국제 전화를 받고서 울먹이는 목소리를 들려주는 그분들의 선한 마음이 너무나 아름다웠습니다
"Walang problema dito" - 왈랑 프로브레마 디또
"이곳은 아무 문제 없습니다."

저를 안심시키려는 그분들의 말이 100% 진실이 아님을 알고 있습니다.
그분들의 삶이 얼마나 고달픈지, 어떻게 살고 있는지 내가 다 아는데....
참으로 고마웠습니다. 그리고 주님께 감사해서 눈물이 나더군요.
우리 가족을 위해서 매 예배 때마다 기도한다는 말을 듣고 또 한 번 목이
메이고...필리핀에서 듣던 귀뚜라미 소리가 귓가에 들리는듯 했습니다.

선교사로 파송을 받아 필리핀에서 살아온 지난 13년,
그리고 앞으로 선교사로 살아갈 또 다른 날들을 감사만 하며
살기로 다시 한 번 다짐합니다.
필리핀 땅, 빈민촌 구석에서도 들릴 귀뚜라미 소리를 통해 사랑하는 형제와
자매들도 사랑받고 있음을 뼈저리게 느낄 수 있기를, 고향을 그리워하는 작은
'가자구'(가난한 자들의 친구)가 간절히 기도해 봅니다.

# 토박이

　　**어제** 제2의 고향인 이곳 필리핀에 도착했습니다.
잘 사는 선진국이라는 미국과 일본을, 모국이라는 한국을 갔었어도 어제 마닐라 공항에서 그리고 오늘 둘룽 땅오스 개천가에서 맡은 냄새가 최고라고 말하는 내 자신을 보고 제가 어느덧 이방인에서 토박이가 되어 감을 느낍니다.

오래 만에 밤늦게 우는 닭 소리를 듣습니다.
아련히 들리는 트라이시클 소리가 바람을 타고 들려옵니다.
참으로 마음이 편합니다.
이것이 주님이 주신 마음이겠지요.
오늘은 푹 잘 수 있을 것 같습니다.

# 민도르 이야기

**작년** 안식년을 떠나기 전에 꿀리꿀리의 추장 알마도 씨를 만났습니다.
그는 그 당시에 저를 적잖게 당황스럽게 했던 분이었습니다.

그때 기록한 글이 생각납니다.

에덴의 얼굴
민도르 섬의 망얀 부족선교 사역을 마무리 하고 왔습니다.
항상 조용하며 부끄럼 많고 순종의 모습으로 사는 사람들.
문명과는 멀찌감치 거리를 두고..
그러나 밀려오는 문명의 물결에 당황하는 그들을 보며 안타까움을 여러 차례
느꼈었지요.

조그만 야산에 학교를 세워 언젠가는 그들도 바깥 세상으로 나갈 그날을
준비하며 이것저것 가르쳤었습니다. 하나님의 말씀과 더불어 직업훈련도,
도시인이 되어가는 과정 속에서의 문화적응도…
열심히 배우는 것 같았지만 그들은 여전히 산속에 숨어 살고 지저분한 모습을

한 망야 부족민에 불과했었지요.
하지만 그들이 학교로 나와 앉아있는 것만으로도 희망의 모습이었습니다.

오늘 그들에게 마지막으로 다녀왔습니다. 평상시처럼 그들과 밥을 먹고,
몇 집을 방문하고 웃으며 돌아 왔지요. 그렇지만 마음속에는 서운함이
가득했는데 말을 못했습니다.
학교를 뒤로하고 내려오는 길에 마을의 추장을 불러서 손을 잡고 말을
했습니다.
"저는 이곳을 떠납니다. 그러나 주님은 이곳에 계실 겁니다. 영원히 떠나지
않으십니다. 저는 기억해주고 주님은 마음에 모시도록 주민들께 전해 주세요."
뜨거운 태양 아래 저는 에덴동산의 얼굴을 보았습니다. 이제까지 그를 만난 지
2년이 넘는 시간동안 그에게서는 환하게 웃는 모습도 슬픔의 얼굴도 볼 수
없었는데 그 굳은 얼굴에 흐르는 굵은 눈물…
얼굴의 표정은 바뀌지 않았지만 얼굴에 묻어있던 흙먼지가 눈물과 함께 진흙을
만들었습니다. 너무도 순수한 얼굴, 에덴 동산에서 흙으로 사람을 빚으사
생기를 불어넣으시던 그 얼굴.
아, 주님…..
굳게 잡은 그의 손에 힘이 들어 갈 때 저도 눈물을 참지 못했습니다.
보일 듯 말 듯 끄덕이며 고개를 숙이고 언덕 위 학교로 발걸음을 옮기는 알마도
추장을 보며 마음이 무거웠습니다

그렇게 헤어졌던 알마도 추장을 만나니, 저도 그도 얼마나 기뻤는지 모릅니다.
많은 말을 하지는 않아도 서로를 알 수 있는 성도의 정을 느낄 수 있었습니다.
오래 만에 그들이 사는 집에 걸터 앉아보고 그들이 먹는 반찬을

# 민도르 이야기

**작년** 안식년을 떠나기 전에 꿀리꿀리의 추장 알마도 씨를 만났습니다. 그는 그 당시에 저를 적잖게 당황스럽게 했던 분이었습니다.

그때 기록한 글이 생각납니다.

에덴의 얼굴
민도르 섬의 망얀 부족선교 사역을 마무리 하고 왔습니다.
항상 조용하며 부끄럼 많고 순종의 모습으로 사는 사람들.
문명과는 멀찌감치 거리를 두고..
그러나 밀려오는 문명의 물결에 당황하는 그들을 보며 안타까움을 여러 차례 느꼈었지요.

조그만 야산에 학교를 세워 언젠가는 그들도 바깥 세상으로 나갈 그날을 준비하며 이것저것 가르쳤었습니다. 하나님의 말씀과 더불어 직업훈련도, 도시인이 되어가는 과정 속에서의 문화적응도…
열심히 배우는 것 같았지만 그들은 여전히 산속에 숨어 살고 지저분한 모습을 한 망얀 부족민에 불과했었지요.

하지만 그들이 학교로 나와 앉아있는 것만으로도 희망의 모습이었습니다.

오늘 그들에게 마지막으로 다녀왔습니다. 평상시처럼 그들과 밥을 먹고,
몇 집을 방문하고 웃으며 돌아 왔지요. 그렇지만 마음속에는 서운함이
가득했는데 말을 못했습니다.
학교를 뒤로하고 내려오는 길에 마을의 추장을 불러서 손을 잡고 말을
했습니다.
"저는 이곳을 떠납니다. 그러나 주님은 이곳에 계실 겁니다. 영원히 떠나지
않으십니다. 저는 기억해주고 주님은 마음에 모시도록 주민들께 전해 주세요."
뜨거운 태양 아래 저는 에덴동산의 얼굴을 보았습니다. 이제까지 그를 만난 지
2년이 넘는 시간동안 그에게서는 환하게 웃는 모습도 슬픔의 얼굴도 볼 수
없었는데 그 굳은 얼굴에 흐르는 굵은 눈물…
얼굴의 표정은 바뀌지 않았지만 얼굴에 묻어있던 흙먼지가 눈물과 함께 진흙을
만들었습니다. 너무도 순수한 얼굴, 에덴 동산에서 흙으로 사람을 빚으사
생기를 불어넣으시던 그 얼굴.
아, 주님…..
굳게 잡은 그의 손에 힘이 들어 갈 때 저도 눈물을 참지 못했습니다.
보일 듯 말 듯 끄덕이며 고개를 숙이고 언덕 위 학교로 발걸음을 옮기는 알마도
추장을 보며 마음이 무거웠습니다

그렇게 헤어졌던 알마도 추장을 만나니, 저도 그도 얼마나 기뻤는지 모릅니다.
많은 말을 하지는 않아도 서로를 알 수 있는 성도의 정을 느낄 수 있었습니다.
오래 만에 그들이 사는 집에 걸터 앉아보고 그들이 먹는 반찬을

집적(?)거리기도 하면서 즐거운 시간을 보냈습니다.

그러나 야바난으로 가서 만난 작은 꼬마의 얼굴에서 또 한 번 눈물을 흘리지
않을 수 없었습니다. 언제나 그랬듯이 모기에 물려 생긴 작은 물집이 부스럼이
되고 결국은 심각한 피부병으로 번지는 그런 상황들....
얼굴 한쪽이 1년이 넘도록 고름으로 덕지졌던 아이의 얼굴은 이제는 입 안쪽에
까지 고름이 퍼져 나가고 있었습니다. 함께 간 아내 황 선교사가 급하게
응급처치는 했다지만 머리 위쪽으로 곪아가는 일그러진 얼굴 반쪽을 어찌해야
할지 모르겠습니다.

병원에 가려면 배를 타고 나와야 하는 어려움이 있지만 정작 그들은 병원에
가는 것을 아픈 것보다 더 두려워합니다.
병원에 가면 힐끗거리며 쳐다보는 시선들, 퉁명스러운 말투에 긴장되는
시간들, 그들이 병원에 가고 싶지 않은 이유들 중 하나입니다.
한 달에 한번만이라도 정기적으로 그들의 건강을 살펴줄 수만 있어도....
얼굴 반쪽이 썩어가는 그런 아이는 없을 텐데요.

또 다른 작은 여자 아이의 머리에 생긴 부스럼에 파리가 알을 까서 꾸물거리는
벌레를 잡아내는 아내의 눈에 작은 물방울이 보일 때 빨리 배를 타라는
쪽배사공의 외침이 얼마나 야속하게 들렸는지 모릅니다
 착잡한 심정으로 뱃머리에 앉아 있을 때, 언젠가 제가 그곳 사람들에게 했던
말이 생각이 났습니다.
"하나님은 여러분을 이 모습 이대로 받아주시지만, 이 모습 이대로 있기를
원하지 않으십니다."

갑자기 손에 힘이 들어갔습니다.

그렇습니다. 그들의 모습도 영혼도 그대로 받아주신 하나님의 은혜가 너무 감사했고, 그들의 모습이 영혼이 그대로 있지 않고 변해가길 원하셔서 저희를 사용하심이 너무나 감격스러웠습니다.

주님, 감사합니다.
주님, 감사합니다.
주님, 감사합니다.

2주 후에 다시 그곳에 갈 때는 발걸음이 더 가벼울 겁니다. 그들이 변해가는 모습을 돕기 위해서 미안하지만 부스럼 난 머리카락을 삭뚝 잘라주려고 합니다. 그리고 사랑의 연고를 바르고 기도의 손을 얹어 이렇게 기도할겁니다.

- 주여, 외모가 바뀌듯 심령도 바뀌게 하소서.

# 민도르를 다녀오며

2년 만에 맡아보는 바다 내음에 한껏 부풀은 가슴을 안고 민도르 섬을 향했습니다. 야바난, 꿀리꿀리, 익소, 맘부라오, 바루칸... 차례차례 머리에 스치며 지나가는 사랑하는 망얀들의 모습이 그리워서 두 시간 반의 뱃길이 너무나 천천히 가는듯 지루하게 느껴졌습니다.

반갑게 맞아주는 또띠 목사와 함께 차례차례 둘러본 곳곳마다에서는 흡사 고향의 내음을 맡는 듯한 정겨움을 느꼈습니다.

하지만 가슴 아픈 소식들에 남모르게 흐르는 눈물을 목뒤로 삼켜야했습니다. 야바난에서는 아직도 반군과 정부군의 싸움에 애꿎은 희생양이 되는 망얀 형제들의 두려움 가득한 그들의 눈망울이 너무 슬펐습니다.

2주 전에 두 명의 반군을 사살하여 동네 한가운데 삼일동안 방치하여 망얀들은 동네를 떠나 있어야 했습니다. 지금은 다시 돌아와 생활하지만 두려움의 모습 속에서 길 잃은 양의 울음소리를 듣는 것 같았습니다.

꿀리꿀리에서는 한 달 사이에 3명의 어린이가 연거푸 익사사고로 죽는 바람에 모두들 집을 버리고 길가 옆으로 내려와 새로운 집단거주를 시작했더군요. 말없이 손을 잡은 백발 노인의 눈빛에서 슬픔과 원망의 시선을 발견하곤 얼마나 미안하던지....바루칸의 주민들은 아예 산 너머로 떠나 버렸습니다.

작년의 우기철에 돈 전염병으로 다섯 명이 한꺼번에 목숨을 잃자 악귀가 붙었다고 동네 집들을 불태우고 떠나버렸습니다.

아이들과 아낙들이 주일이면 삼삼오오 산 너머에서 교회로 온다지만 떠나버린 그들의 발걸음을 어떻게 돌려놓아야 할지요. 죽음을 두려워하는 그들의 세계에 아직은 복음의 십자가가 깊이 내리지 못함이 가슴 쓰리게 아픕니다.

그들을 떠나 있었음이 가시처럼 아픔을 주고 있습니다. 민도르 사역을 다시 정비해야겠습니다.

MCMF 교회를 중심으로 본격적인 망얀 선교 Project를 세우려 합니다. 빚진 자의 마음으로 그들을 섬겨 민도르 섬에서 살아가는 망얀들의 복음의 안식처가 뿌리 내리도록 다시 한 번 지혜를 구하며 무릎을 꿇습니다.

민도르 망얀 부족의 마을에 비추고 있을 환한 추석의 보름달이 그들에게 축복과 희망의 빛이 되기를 소원합니다. 야바난을 떠날 때 내손을 꼭 잡은 니동 형제의 말이 가슴에 쿵쿵거립니다.

"이제는, 금방 돌아올 수 있지요?"

# 무지무지 감사

**지금은** 우기철, 많은 비가 내리는 필리핀에서는 그로 인한 돌발
사태가 자주 일어납니다. 급식하는 첫날, 온갖 오물이 떠다니는 색깔이 있는
물에 무릎 이상까지 잠기며 교회로 찾아 온 우리의 필리핀 아들 딸들은
마카로니로 끓인 따듯한 죽과 밥 한 덩어리를 너무도 맛있게 먹었습니다.
시간이 지나 예배당 안에까지 흘러 들어오는 물을 연신 퍼내야 했습니다.
아이들이 다 먹기를 기다리다가 모두 돌아간 뒤에 비로소 먹어본 밥과
마카로니는 정말 주님께서 축사하신 바로 그 맛이었습니다.
오병이어의 기적,
무지무지 감사...

오병이어의 사역을 마무리하고 곧바로 민도르 섬을 향해서 출발해 민도르에
도착하여 지프니의 지붕에 몸을 싣고 가다보니
또 비, 비, 비로 이 땅의 구석구석은 골고루 잘 젖었습니다.
지난 주일에 두 명의 생명을 앗아간 불어난 강물을 지날 때 뒤뚱거린 차에서
미끄러져 떨어질 뻔 했는데 무사하니,
무지무지 감사.

어젯밤에 난생처음 보는 폭우로 못 올뻔 했는데.... 지금 여기에,

이곳 민도르에,

또한 무지무지 감사.

선교사는 참 행복합니다.오늘, 선교 센터로 돌아오는 차 안에서 이 찬송을

참 많이도 불렀습니다.

물속에라도 들어가서,

불속에라도 들어가서,

전하리...

주의 사랑을

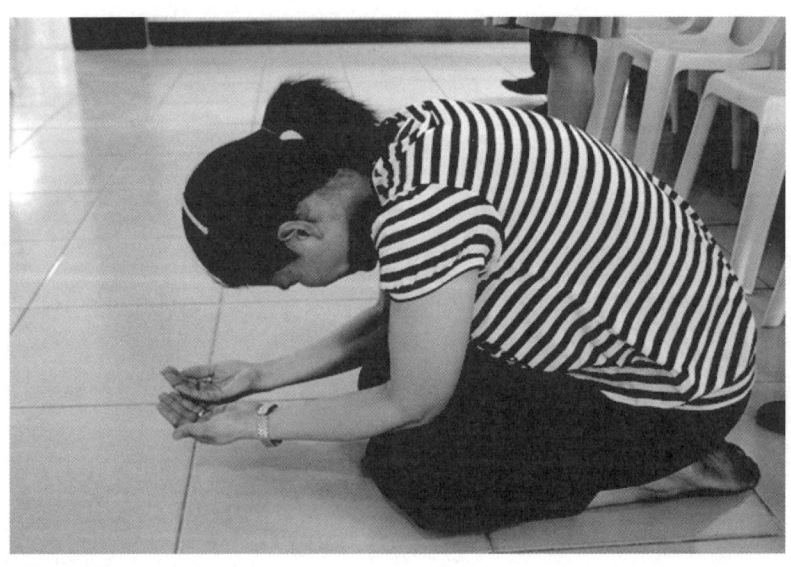

## 구약, 신약 그리고 회충약

**어릴** 적에는 동네에 약장수가 오면 제일 앞자리에 쭈그리고서 여러 가지 구경거리에 시간이 가는 줄 모르고 앉아 있었지요.
어느 날, 그날도 모래내 유리 공장의 공터에 자리를 핀 약장수를 제일 앞에 앉아 박수까지 치며 재미롭게 보고 있었습니다.
그런데 친구 녀석과 함께 앉아 있는 우리들 앞으로 아저씨는 20원을 쥐어주며 약을 한 움큼 먹으라고 했습니다. 20원의 유혹에 우리는 물 한모금과 함께 그 약을 꿀꺽. 아저씨는 저와 친구 녀석의 엉덩이에 찢어진 신문지를 끼워 놓고 나서는 이마로 유리병을 깨며, 박힌 못도 이빨로 뽑고 참 신기했습니다.
얼마를 지났을까 그 아저씨는 우리에게 와서 무작정 저의 엉덩이를 들여다보고, 또 친구 놈의 엉덩이도 보더니 친구의 엉덩이를 거꾸로 든 채로 사람들 앞을 도는 게 아닌가요.
그런데... 세상에... 엉덩이에 달려 버둥대는 하얀 벌레... 회충이었습니다.
그때, 너무 무서워 집으로 뛰어와서 신문지를 빼버리고 울었습니다.
아저씨가 먹인 약이 벌레 알인 줄 알았기 때문이었습니다.
어제, 민도르 섬의 깊은 산속에 있는 '바루칸 교회'에서 예배를 드렸습니다.
산속 깊은 곳에 자리 잡은 그곳의 동네

주민들은 신기한 듯이 저의 설교를 경청해 주었습니다. '하나님의 말씀은 영혼을 고치고 육신도 고친다.'는 간단한 복음이었습니다. 예배를 마치고 나자 나이든 할아버지가 저의 손을 끌어 자기의 집으로 갔습니다.

집으로 들어가니 벌거벗은 사내 아이 하나가 눈물 달린 겁먹은 얼굴로 저를 보고 있었습니다. 바짝 마른 몸에 배는 남산만한데…

뱃속에 기생충이 가득하다는 것을 금방 알았습니다. 두 손을 모아 기도해 달라는 할아버지의 청에 따라 아이의 배에 손을 대고 간절히 기도했습니다. 그런데 순간 자지러지게 우는 아이의 뒤를 보니 두 마리의 기다란 회충이 손가락만큼 삐지고 나와 허둥대고 있었습니다.

사람들은 뒤로 물러가고 함께 간 현지사역자 전도사도 후퇴… 할 수 없이 나뭇잎으로 꿈틀거리는 그놈을 잡아 서서히 빼내었습니다. 빼내어서 보니까 족히 20센티미터는 넘었습니다.

아이는 계속해서 울고, 할아버지는 박수를 치고, 옆에 있던 아이들은 모두가 자기 엉덩이를 만져보고…바닥에 떨어진 회충을 흙으로 덮으며 이런 생각을 했습니다. 다음에 올 때는 약을 잔뜩 싸가지고 오리라.

구약, 신약 그리고 회충약을…

## 특별한 성탄선물

　　　　이곳은 토요일, 한국은 주일. 불과 한 시간의 시차에도 날짜는 바뀌었군요. 우리가 인생의 마지막을 맞았을 때에는 단 몇초 사이에 천국에서 이 땅을 내려다 볼 겁니다. 달력이 필요 없는 그곳에서.... 이곳에는 지금, 성탄절 분위기가 가득합니다. 저마다의 다른 의미를 갖고 있는지는 모르지만 예수님께서 오신 날을 기념하는 모습 속에서 잔잔한 감사로 매일 매일을 보냅니다.

그동안 감사했던 현지인 몇 분을 위해 선물을 준비했습니다. 비싼 것은 아니지만 정성으로 포장하다가, 한쪽 구석에 누런 종이박스 속에 담겨있는 것들을 다시 보았습니다. 예쁜 포장은 안 되었지만 그것도 분명 이번 성탄절에 나누어줄 아주 특별한 선물입니다.

기억이 나시지요? 구약, 신약 .... 회충약. 이제, 400 여 명의 남여노소 지체는 특별한 성탄선물을 받게 될 것입니다 그리고 그 성탄선물은 회충과 기생충들을 '죽이는' 임무를 감당하겠지요. 야릇한 미소가 감도네요. 제 손에 끌려 세상 빛에 죽은 그놈(?) 보다 더 처절하게 뱃속에서 죽어가겠지요.
특별한 성탄선물을 바라보다가 이렇게 기도를 드렸습니다.

"주님, 회충약은 물로 꿀떡 삼키면 되는데 구약, 신약은 어떻게 삼키지요?"
죄의 기생충들을 녹여버릴 수 있는 특효약인데…
예수님께서 이렇게 말씀하시는 것 같았습니다.
"말씀을 성도들의 기도로 삼키게 하라."
다음 주에 민도르로 특별한 성탄선물을 갖고 갑니다. 그들이 물로 회충약을 삼킨 후에 구약과 신약의 말씀을 나누어 주려 합니다. 목에 걸리지 않고, 잘 넘길 수 있도록 기도의 물을 준비해 주십시오.
이제, 그들의 뱃속은 깨끗해질 겁니다. 그리고 그들의 영혼도 깨끗해지겠지요. 기분이 너무 좋았습니다. 이 특별한 성탄선물,
나도 한 알을 삼켜 보았습니다. 정말 맛있습니다.
고맙습니다. 저도 여러분께 성탄 선물을 보내고 싶어집니다.
아주 특별한 성탄 선물을…..

## 마무리 글

　　설렘과 약간의 두려움을 가지고 마닐라 공항에 처음 도착했던 1989년 5월 20일밤이 생각 납니다. "내가 선교사로 살아갈 수 있을까?". 시간이 많이 흘러 2022년 어느 날 다시 그 땅을 밟을 것을 상상하며 똑 같은 생각이 머릿속에 가득합니다. "내가 다시 선교사로 살아갈 수 있을까?"
30년을 훌쩍 넘긴 그때와 지금이 무엇이 달라 졌는가를 생각하게 됩니다.
그때는 혼자 그 길을 갔는데 지금은 함께 가는 한사람이 곁에 있고 기도하는 세 자녀가 있으며 또 사랑하는 한국의 많은 성도들이 있습니다.
하나님의 손 끝이 가리키는 그곳으로 향하는 작은 자의 발걸음에 축복을 나눠 주셔서 감사합니다. 언젠가 천국 본향을 향해 하나님의 손끝이 향하는 그날까지 여태까지 걸어온 보폭으로 순종하며 한국 목회지로 잠시 나오며 불렀던 찬양을 다시 부르며 묵묵히 걸어 가겠습니다.

1.오늘도 하룻길 나그네 길을 나 혼자 가야 해
멀고도 험한 길 나그네 길을 나 혼자 가야 해
나 혼자 가야 해 아~ 아~ 아~
갈래갈래 갈림길 길이라도 내게 주신 주의 길 따라가려오
갈래갈래 갈림길 길이라도 내게 주신 주의 길 따라가려오

2.내 집은 갈릴리 해변 푸른 풀밭 쉬어갈 수 있는데
내 사명 다하기까지 갈 수 없네 그리운 내 본향 집
그리운 내 본향 집 아~ 아~ 아~
갈래갈래 갈림길 길이라도 내게 주신 사명 길 따라가려오
갈래갈래 갈림길 길이라도 내게 주신 사명 길 따라가려오